Menschenwürde und Biostrafrecht bei der embryonalen Stammzellenforschung

T0202109

Frankfurter
kriminalwissenschaftliche Studien

Herausgegeben von
Prof. Dr. Peter-Alexis Albrecht
Prof. Dr. Dirk Fabricius
Prof. Dr. Klaus Günther
Prof. Dr. Winfried Hassemer
Prof. Dr. Herbert Jäger
Prof. Dr. Walter Kargl
Prof. Dr. Klaus Lüderssen
Prof. Dr. Wolfgang Naucke
Prof. Dr. Ulfrid Neumann
Prof. Dr. Cornelius Prittwitz
Prof. Dr. Ernst Amadeus Wolff

Bd./Vol. 108

PETER LANG

Frankfurt am Main · Berlin · Bern · Bruxelles · New York · Oxford · Wien

Bong-Jin Ko

Menschenwürde und Biostrafrecht bei der embryonalen Stammzellenforschung

PETER LANG
Internationaler Verlag der Wissenschaften

Bibliografische Information der Deutschen Nationalbibliothek
Die Deutsche Nationalbibliothek verzeichnet diese Publikation in
der Deutschen Nationalbibliografie; detaillierte bibliografische
Daten sind im Internet über <http://www.d-nb.de> abrufbar.

Zugl.: Frankfurt (Main), Univ., Diss., 2006

Gedruckt auf alterungsbeständigem,
säurefreiem Papier.

D 30
ISSN 0170-6918
ISBN 978-3-631-56651-0

© Peter Lang GmbH
Internationaler Verlag der Wissenschaften
Frankfurt am Main 2008
Alle Rechte vorbehalten.

Printed in Germany 1 2 3 4 5   7

www.peterlang.de

Ich möchte diese Arbeit meinen Eltern widmen.

Vorwort

Die vorliegende Arbeit ist im August 2006 abgeschlossen und von der Juristischen Fakultät der Johann Wolfgang Goethe-Universität in Frankfurt am Main als Dissertationsschrift angenommen worden. Ich kann mir mein Studium in Deutschland ohne die Unterstützung vieler Personen kaum vorstellen. Vor allem danke ich Herrn Prof. Dr. Cornelius Prittwitz für die Betreuung dieser Arbeit, dessen Habilitationsschrift »Strafrecht und Risiko. Untersuchungen zur Krise von Strafrecht und Kriminalpolitik in der Risikogesellschaft« mein Interesse an das Biostrafrecht geweckt hat. Ohne seine Anregungen und seine herzlichen Unterstützungen hätte ich das Doktorstudium in Deutschland nicht vollbringen können. In Deutschland bin ich niemandem begegnet, der mehr Rücksicht auf ausländische Studenten nimmt als Herr Prof. Dr. Cornelius Prittwitz.

Ich danke auch dem Zweitgutachter Herrn Prof. Dr. Ulfrid Neumann. Ohne seinen Aufsatz »Tyrannei der Würde. Argumentationstheoretische Erwägungen zum Menschenwürdeprinzip (ARSP 1998, S. 153 ff)« und seine Anregungen hätte ich meine Doktorarbeit nicht schreiben können. Bei den verschiedenen Veranstaltungen, die mit dem Thema meiner Dissertation verbunden sind, habe ich viel von ihm gelernt.

Herrn Prof. Dr. Jochen Taupitz danke ich dafür, dass er mir die Gelegenheit gegeben hat, am Institut für Deutsches, Europäisches und Internationales Medizinrecht, Gesundheitsrecht und Bioethik der Universitäten Heidelberg und Mannheim (IMGB) als Gastwissenschaftler zu arbeiten. Er hat einen Aufsatz, den ich am IMGB geschrieben hatte, sorgfältig gelesen und einige wichtige Anregungen gegeben.

Bei Herrn Frederico Figueiredo und Herrn Heng-da Hsu bedanke ich mich. Mit ihnen habe ich zusammen das Buch von Franz-Xaver Kaufmann „Sicherheit als soziologisches und sozialpolitisches Problem" gelesen.

Ohne Dasein vieler Menschen kann ich mir mein Leben in Deutschland kaum vorstellen. Mit ihrer Unterstützung konnte ich Kraft für das Leben in Deutschland gewinnen. Vor allem danke ich Deutschland, dessen Erziehungssystem hauptsächlich mein Studium in Deutschland ermöglicht hat.

9

Inhaltsverzeichnis

10

Abkürzungsverzeichnis

aaO : am aufgeführten Ort
AöR : Archiv des öffentlichen Rechts
ARSP : Archiv für Rechts- und Sozialphilosophie
Aufl. : Auflage
BGB : Bürgerliches Gesetzbuch
BVerfG : Bundesverfassungsgericht
BVerfGE : Entscheidungen des Bundesverfassungsgerichts
BVerwG : Bundesverwaltungsgericht
ders. : derselbige
DFG : Deutsche Forschungsgemeinschaft
DÖV : Die öffentliche Verwaltung
DZPhil : Deutsche Zeitschrift für Philosophie
ESchG : Embryonenschutzgesetz
f./ff. : fortfolgende
FS : Festschrift
GG : Grundgesetz
Hrsg. : Herausgeber
JuS : Juristische Schulung
JZ : Juristenzeitung
KJ : Kritische Justiz
KritV : Kritische Vierteljahresschrift für Gesetzgebung und Rechtswissenschaft
LS Leitsatz
MedR : Medizinrecht
NJW : Neue Juristische Wochenschrift
PID : Präimplantationsdiagnostik
S. : Seite
StGB : Strafgesetzbuch
StrV : Der Strafverteidiger (Zeitschrift)
StZG : Stammzellgesetz
v. : versus
z. B. : zum Beispiel
ZRP : Zeitschrift für Rechtspolitik
ZStW : Zeitschrift für die gesamte Strafrechtswissenschaft

Einleitung

In den *ersten vier* Kapiteln meiner Dissertation habe ich »den Menschenwürdebegriff bei der Stammzellenforschung« untersucht. Im *fünften und sechsten* Kapitel, die den Kern meiner Arbeit darstellen, frage ich nach »der Möglichkeit eines ohne Menschenwürdeverletzung begründbaren Biostrafrechts« und nach
»der alternativen Möglichkeit und der Grenze eines prozeduralen Biorechts bei
der Stammzellenforschung«. Um zu wissen, wie das Biostrafrecht und das prozedurale Biorecht bei der Stammzellenforschung begründet werden können,
muss man zuerst den Menschenwürdebegriff behandeln. Die Analyse des Menschenwürdebegriffs bei der Stammzellenforschung ist also die notwendige Voraussetzung für die Analyse des Biostrafrechts und des prozeduralen Biorechts
bei der Stammzellenforschung.

Der Begriff „Menschenwürde" bei der Stammzellenforschung bedeutet nicht nur
die Menschenwürde des Embryos *in vitro*, sondern umfasst auch den Schutz des
Menschenbildes. Außerdem muss die Diskussion um die Themen auf „Gefahr,
Risiko und Unsicherheit der Stammzellenforschung" erweitert werden. Dabei
wird das Biostrafrecht als Menschenwürdeschutzgesetz betrachtet. In dieser Hinsicht wird das Embryonenschutzgesetz in Deutschland 1990 als Menschenwürdeschutzgesetz angesehen.
Meines Erachtens hat der Menschenwürde*begriff* (Nicht Menschenwürde!) trotz
(oder vielleicht wegen!) ihrer semantischen Vieldeutigkeit bei der Stammzellenforschungsregelung einen Totalitätscharakter. Diesen Totalitätscharakter stärkt
das Menschenwürdeargument als deontologisches Argument.
Nach meiner Beobachtung erschwert der Menschenwürdebegriff bei der Stammzellenforschung die genaue Analyse der embryonalen Stammzellenforschung
und des Biostrafrechts. Auch wenn es gelingt, den Begriff „Menschenwürde" genau zu analysieren[1], führt der analysierte Menschenwürdebegriff nicht
zum Konsens. Darin liegt ein wirklich schwieriges Problem. Die moralische Bewertung der Menschenwürde bildet in der heutigen pluralistischen Rechtsordnung manchmal klare Unterschiede der Gruppenmeinungen, die nicht zur ferti-

---

[1] Birnbacher, Menschenwürde – abwägbar oder unabwägbar?, in: Kettner (Hrsg.), Biomedizin und
Menschenwürde, 2004, S. 253 ff; Neumann, Die „Würde des Menschen" in der Diskussion um Gen-
technologie und Befruchtungstechnologien, in: Klug/Kriele (Hrsg.), Menschen- und Bürgerrechte,
ARSP Beiheft 33, 1988, S. 143 ff.

gen Lösung der konkreten Probleme führen[2]. Dass der Begriff „Menschenwürde" bei der konkreten Biostrafrechtsbegründung keine Konsensfähigkeit besitzt,
bedeutet aber nicht, dass es nicht sinnvoll ist, die Begründung der konkreten
Verbotsnormen zu suchen. Aus der Wahrnehmung der Konsensunfähigkeit der
Menschenwürde ergibt sich vielmehr die Frage, wie die Verbotsnormen bei der
Stammzellenforschung begründet werden können. Es steht außer Frage, vor allem wegen der unterschiedlichen Sinnbestimmung des Biowissenschaftssystems
und der Moral, dass ein verbindlich geltendes positives Gesetz geschafft werden
muss. Es steht auch außer Frage, dass weitere Diskussionen über Normgeltungs-
gründe, die möglicherweise zur Gesetzesänderung führen können, erforderlich
sind. Sofern die embryonale Stammzellenforschung das Leben des Embryos *in
vitro* und das Menschenbild betrifft, brauchen wir tiefgehende ethische Diskussionen.

Im *ersten Kapitel* werden die beiden Schwangerschaftsabbruchurteile des Bundesverfassungsgerichts behandelt. Bevor man sich mit dem Thema „Menschenwürde und Stammzellenforschung" beschäftigt, ist es sinnvoll und hilfreich, die
Schwangerschaftsabbruchsurteile des BVerfG zu überprüfen. Mit der Studie der
beiden Schwangerschaftsabbruchurteile kann man wichtige Fragen stellen, die
für die Stammzellenforschungsregelung relevant sind. Dies ist der Grund, warum
die beiden Schwangerschaftsabbruchsurteile im ersten Kapitel behandelt werden.
Im *zweiten Kapitel* wird die Literatur über den Status des Embryos *in vitro* behandelt. Dabei erkennt man, dass die Meinungen der Verfasser über die Menschenwürde und das Lebensrecht des Embryos *in vitro* sehr unterschiedlich sind.
Um sich der rechtlichen Beurteilung der Stammzellenforschung anzunähern,
muss man sich über den Status des Embryos *in vitro* eine eigene Meinung bilden.
Im *dritten Kapitel* wird das Argument der Menschenwürde als höchster Wert bei
der Stammzellenforschung *kritisch* behandelt. Das Argument der Menschenwürde als höchster Wert ist ein Argument unter vielen Menschenwürdeargumenten,
aber es spielt eine große Rolle bei der Diskussion über die Stammzellenforschung. Da die Menschenwürde nach dieser Meinung schon vorhanden ist und
sie direkt erkannt werden kann, wird die Verletzung der Menschenwürde durch
die Erkennung der schon vorhandenen Menschenwürde bestimmt.
Im *vierten Kapitel* gehe ich auf *meine* Auffassung über die Menschenwürde ein.
Dabei verstehe ich die Menschenwürde nicht als Substanzbegriff, sondern als

---

[2] Taupitz, Der rechtliche Rahmen des Klonens zu therapeutischen Zwecken, NJW 2001, S. 3440;
Taupitz/Brewe, Der Status des Embryos im Rechtsvergleich, in: Maio/Just (Hrsg.), Die Forschung an
embryonalen Stammzellen in ethischer und rechtlicher Perspektive, 2003, S. 95.

Relationsbegriff, und noch weiter gehend die Menschenwürde nicht als das Vorhandene, sondern als das Konstituierte. Man kann die Menschenwürde konstituieren, indem man die Verletzung der Menschenwürde wechselseitig anerkennt. In §§ 2 bis 4 geht es um die Begründung des Lebensrechts und der Menschenwürde. Meines Erachtens ist der Grund der Menschenwürde die wechselseitige Anerkennung der grundsätzlichen Interessen, mit der der Kampf verbunden ist (dazu § 4), während der Grund des Lebensrechts die Empfindungsfähigkeit des Embryos ist (dazu § 2). Das Lebensrecht wird aus der Menschenwürde nicht abgeleitet, stattdessen müssen das Lebensrecht und die Menschenwürde getrennt begründet werden.

In den nächsten beiden Kapiteln (§§ 5 und 6) handelt es sich um die Möglichkeit des Biostrafrechts *ohne* Menschenwürde und des Biorechts bei der Stammzellenforschung. Das fünfte und das sechste Kapitel stellen den Kern der Untersuchung dar.

Das fünfte Kapitel behandelt die Möglichkeit des Biostrafrechts ohne Menschenwürde bei der Stammzellenforschung. Wenn man das Biostrafrecht nur als Menschenwürdeschutzgesetz betrachtet, kann man die verschiedenen, konkreten Charakteristika des Biostrafrechts *in Bezug auf Menschenbildschutz, die Orientierungssicherheitsvermittlung und den Bezug auf die Kultur* nicht genau analysieren. Die Frage, wie das Biostrafrecht bei der Stammzellenforschung begründet werden kann, ist sicherlich eine schwierige Frage.

Im *sechsten Kapitel* wird die Möglichkeit des prozeduralen Biorechts (der Ethikkommission) bei der Stammzellenforschung behandelt. Die Möglichkeit des prozeduralen Biorechts (der Ethikkommission) bei der Stammzellenforschung kommt aus dem Nichtsein der materiellen Kriterien, der Nichtwirkung des regulatorischen Biostrafrechts, der Kommunikationsfähigkeit des prozeduralen Biorechts und den Grenzen des prozeduralen Biorechts. Dabei fungiert das prozedurale Biorecht als *Kommunikationsmedium* zwischen dem Biorecht, der Biopolitik und der Biowissenschaft.

Die wissenschaftliche Arbeit ist eine Konstruktion mit Begründungen. Sie ist eine Argumentation. Sie soll eine überzeugende Darstellung sein. Während meines Studiums in Deutschland stehe ich vor zwei wichtigen Fragen. Eine (allgemeine) Frage ist, wie Normen in unserer heutigen Gesellschaft begründet werden können. Die andere (konkrete) Frage ist eine konkrete Frage in Bezug auf mein Dissertationsthema, wie das Biostrafrecht und das Biorecht in unserer heutigen Gesellschaft begründet werden können. In meinem Leben möchte ich versuchen, die Antwort auf die Frage über Normen in unserer heutigen Gesellschaft zu suchen. Statt der Verhaltensnormtheorie, dass die Verhaltsnormen direkt an allen Bürgern als Rollenträger (Person) gerichtet sind, sehe ich die Möglichkeit der Verhaltensnormtheorie, dass die Verhaltensnormen an den professionellen Gruppen als Rollenträger (Person) gerichtet sind. Besonders im prozeduralen Recht will ich versuchen, die Antwort auf die Frage über „*Norm*widrigkeit und *Pflicht*widrigkeit (Norm und Zurechnung)[3]" zu finden. Meines Erachtens ist die Verbindung zwischen dem Verfahren und der Pflicht eine notwendige Voraussetzung des prozeduralen Rechts. Darin liegt auch ein neuer Aspekt des modernen Strafrechts. Meine Dissertation ist ein Teil meines Vorhabens.

---

[3] Zum Thema „Norm- und Pflichtwidrigkeit als Konstituenten der Straftat" Vogel, Norm und Pflicht bei den unechten Unterlassungsdelikten, 1993, S. 27 ff.

1. Kapitel
Menschenwürde und Abtreibung

In diesem Kapitel werde ich auf die beiden Schwangerschaftsabbruchurteile des Bundesverfassungsgerichts eingehen. Das Bundesverfassungsgericht hat den Status des Embryos *vor* der Einnistung nicht behandelt, sondern über die Frage der Menschenwürde und des Lebensrechts beim Embryo nach der Einnistung geurteilt. Außerdem kann man in beiden Schwangerschaftsabbruchurteilen *das Spannungsverhältnis zwischen der moralischen (ethischen), juristischen und faktischen (soziologischen, wirksamkeitsorientierten) Geltung der Abtreibungsregelung (mit anderen Worten: das Spannungsverhältnis zwischen der Legitimität und der Effektivität der Abtreibungsregelung)* sehen. Besonders beim zweiten Schwangerschaftsurteil kann man den Widerspruch zwischen der Menschenwürde und dem Schwangerschaftsabbruch finden, der für das Thema „Menschenwürde und Stammzellenforschung" relevant ist.

I. Schwangerschaftsabbruchurteile

Man kann den Inhalt des *ersten* Schwangerschaftsabbruchurteils des BVerfG 1975 mit dem des *Roe v. Wade* Urteils des Supreme Court in den USA vergleichen, der zwei Jahre vor dem ersten Schwangerschaftsabbruchurteil des BVerfG 1975 gefällt wurde. Im Fall von *Roe v. Wade* hat der Supreme Court in den USA 1973 ein Gesetz in Texas für verfassungswidrig erklärt, das eine Abtreibung nur für den Fall, dass eine Gefahr für das Leben der Schwangeren besteht, vorsah. Dies sah der Supreme Court als Verstoß gegen das Grundrecht auf Schutz der Privatsphäre an. *Roe v. Wade* beruft sich auf das neu formulierte Rechtskonzept: das Lebensrecht, das *mit dem Interesse* verbunden ist, und das Recht auf Abtreibung, das als *das Freiheitsrecht der Frau* anerkannt wird. Im Fall von *Roe v. Wade* geht es um die Ausdehnung des »right of privacy« auf Abtreibung, den Vorrang des Rechts auf Abtreibung vor dem ungeborenen Leben und die Trimester-Regelung, nach der im ersten und zweiten Trimester der Schwangerschaft die Frau das Recht auf Abtreibung hat. Die Freiheit zur Abtreibung wurde als besonders geschützte Konkretisierung des 14. Zusatzartikels angesehen. Nach diesem Urteil ist in den USA die Frage wieder aufgekommen, ob die Entscheidung im Fall von *Roe v. Wade* außer Kraft gesetzt oder als Präzedenzfall beachtet werden sollte, und der Supreme Court ist 1992 im *Planned Parenthood of Southeastern Pennsylvania v. Casey* in Richtung zum Präzedenzfall gegangen[4].

Im Vergleich hierzu hat das Bundesverfassungsgericht in Deutschland 1975 einen anderen Weg eingeschlagen. Beim ersten Schwangerschaftsabbruchurteil 1975 geht es um die Frage, ob die Fristenregelung des Fünften Strafrechtsreformgesetzes, wonach der Schwangerschaftsabbruch in den ersten zwölf Wochen seit der Empfängnis unter bestimmten Voraussetzungen straffrei bleibt, mit dem Grundgesetz vereinbar ist[5].
Zuerst erläutert das Bundesverfassungsgericht den Anfang des menschlichen Lebens und die Kontinuität des Entwicklungsprozesses vom 14. Tage nach der Empfängnis[6]. Danach wird die These der Kopplung zwischen dem Leben und dem Lebensrecht *mit der Interpretation des Art. 2 II 1 GG* aufgestellt: Wo menschliches Leben existiert, kommt ihm das Lebensrecht zu[7]. Das Bundesverfassungsgericht behauptet weiter die Kopplung zwischen dem Leben und der Menschenwürde *mit dem Potentialitätsargument*: „Wo menschliches Leben existiert, kommt ihm Menschenwürde zu; es ist nicht entscheidend, ob der Träger sich dieser Würde bewusst ist und sie selbst zu wahren weiß. Die von Anfang an im menschlichen Sein angelegten potentiellen Fähigkeiten genügen, um die Menschenwürde zu begründen[8]." Nach dem Potentialitätsargument ist die Potentialität des menschlichen Lebens genau das Kriterium, mit der die Menschenwürde begründet wird. Man kann den Embryo nicht allein nach seinem aktuellen Status beurteilen.
Mit der Kopplung von Leben mit Lebensrecht und Menschenwürde lässt sich die Schutzpflicht des Staates nicht nur aus Art. 2 II 1 GG, sondern auch aus Art. 1 I 2 GG ableiten[9]. Trotz der Kopplung von Leben, Lebensrecht und Menschenwürde stellt sich immer noch die Frage, ob das ungeborene menschliche Leben der Träger der Menschenwürde und des Lebensrechts ist, weil das Bundesverfassungsgericht die umstrittene Frage offen lässt, ob der nasciturus selbst Grundrechtsträger ist. Stattdessen wird das Lebensrecht und die Menschenwürde des

---

[4] Brugger, Abtreibung – ein Grundrecht oder ein Verbrechen? Ein Vergleich der Urteile des United States Supreme Court und des BVerfG, NJW 1986, S. 896 ff; Dworkin, Life´s Dominion, 1993, S. 102 ff; Pence, Classic Cases in Medical Ethics, 2004, S. 123 ff.
[5] BVerfGE 39, 1 = NJW 1975, S. 573.
[6] BVerfGE 39, 1 = NJW 1975, S. 574.
[7] BVerfGE 39, 1 = NJW 1975, S. 575.
[8] BVerfGE 39, 1 = NJW 1975, S. 575.
[9] BVerfGE 39, 1 = NJW 1975, S. 575.

menschlichen Lebens mit der objektiven Wertordnung des Grundgesetzes begründet[10].

Die Frage, welchen Rang der Wert des menschlichen Lebens und das Selbstbestimmungsrecht der Frau innerhalb der Werteordnung des Grundgesetzes besitzen, ist bei der Bestimmung der staatlichen Schutzpflicht wichtig. „Die Schutzverpflichtung des Staates muss umso ernster genommen werden, je höher der Rang des in Frage stehenden Rechtsgutes innerhalb der Wertordnung des Grundgesetzes anzusetzen ist. Das menschliche Leben stellt, wie nicht näher begründet werden muss, innerhalb der grundgesetzlichen Ordnung einen Höchstwert dar; es ist die vitale Basis der Menschenwürde und die Voraussetzung aller anderen Grundrechte[11]." Besonders in der Beziehung des in Frage stehenden Rechtsgutes zur Menschenwürde als Mittelpunkt des Wertsystems der Verfassung begründet das Bundesverfassungsgericht den Vorrang des Lebensschutzes der Leibesfrucht vor dem Selbstbestimmungsrecht der Schwangeren[12]. Unter dem Vorrang des Lebensschutzes der Leibesfrucht vor dem Selbstbestimmungsrecht der Schwangeren nach der Menschenwürde als Mittelpunkt des Wertsystems der Verfassung urteilt das Bundesverfassungsgericht, dass die Fristenlösung mit der Wertordnung der Verfassung unvereinbar ist[13]. „Jedes menschliche Leben – auch das sich erst entwickelnde Leben – ist als solches gleich wertvoll und kann deshalb keiner irgendwie gearteten unterschiedlichen Bewertung oder gar zahlenmäßigen Abwägung unterworfen werden[14]."

Bei den vierten und fünften Leitsätzen geht es darum, wie die Verpflichtung des Staates zum Schutz des werdenden Lebens unter Berücksichtigung auf das menschliche Leben nach Maßgabe der grundgesetzlichen Wertordnung, die unzumutbare Lage der Schwangeren und der »ultima ratio« Charakter des Strafrechts formuliert wird. Das menschliche Leben wird als höchster Wert innerhalb der objektiven Wertordnung des Grundgesetzes betrachtet und die Schutzpflicht des Staates zum menschlichen Leben muss deswegen ernst genommen werden. Der Staat muss wegen seiner Schutzpflicht den Schwangerschaftsabbruch als Unrecht ansehen[15]. Innerhalb der objektiven Wertordnung des Grundgesetzes fungiert das Strafrecht als Mittel des Schutzes menschlichen Lebens[16]. Aber in

---

[10] BVerfGE 39, 1 = NJW 1975, S. 575.
[11] BVerfGE 39, 1 = NJW 1975, S. 575.
[12] BVerfGE 39, 1 = NJW 1975, S. 575 f.
[13] BVerfGE 39, 1 = NJW 1975, S. 579.
[14] BVerfGE 39, 1 = NJW 1975, S. 580.
[15] BVerfGE 39, 1 = NJW 1975, S. 576.
[16] BVerfGE 39, 1 = NJW 1975, S. 576.

Bezug auf den effektiven und wirksamen Schutz des sich entwickelnden Lebens und den »*ultima ratio*« Charakter des Strafrechts setzt man das Strafrecht *prima ratio* nicht ein. Einerseits betont das Bundesverfassungsgericht den »ultima ratio« Charakter des Strafrechts[17], anderseits die *Unzumutbarkeit* der Schwangeren, die besonders berücksichtigt werden muss[18]. Als Unzumutbarkeitskriterium werden vier Indikationsfälle, also die Fälle der Gefahr für ihr Leben oder der Gefahr einer schwerwiegenden Beeinträchtigung ihres Gesundheitszustandes, der eugenischen, der ethischen (kriminologischen) und der sozialen oder Notlagenindikation zum Schwangerschaftsabbruch gezählt. In allen anderen Fällen bleibt die Abtreibung strafwürdiges Unrecht[19].

Das Bundesverfassungsgericht erklärt das Fünfte Strafrechtsreformgesetz für verfassungswidrig, weil die in §§ 218 a und 218 c StGB vorgesehene Beratung und Unterrichtung der Schwangeren nicht nur mit der Wertordnung der Verfassung unvereinbar sind, sondern auch als nicht geeignet angesehen werden, um das ungeborene Leben wirksam und effektiv zu schützen[20]. Das erste Schwangerschaftsabbruchurteil des Bundesverfassungsgerichts hat keine Widersprüche in sich, indem es kontinuierlich den Vorrang des Lebensschutzes der Leibesfrucht vor dem Selbstbestimmungsrecht der Schwangeren nach der Menschenwürde als Mittelpunkt des Wertsystems der Verfassung begründet und die Fristenlösung mit der Beratung des Fünften Strafrechtsreformgesetzes für verfassungswidrig erklärt. Trotz der Legitimität und der Konsistenz des ersten Schwangerschaftsabbruchurteils unter der Wertordnung der Verfassung taucht die Frage der Effektivität der Indikationsregelung auf, die aus der Kluft zwischen Norm und Fakt entsteht.

Im *zweiten* Schwangerschaftsabbruchurteil des Bundesverfassungsgerichts 1993 steht der Lebensschutz der Leibesfrucht durch das Beratungsmodell des Schwangeren- und Familienhilfegesetzes (SFHG) im Mittelpunkt. Ob der Gesetzgeber damit außer dem Indikationsmodell und dem Fristenmodell einen dritten Weg vorschlägt, ist fraglich, weil das zweite Schwangerschaftsabbruchurteil 1993 *als das zweite Fristenregelungsurteil* nach dem ersten Fristenregelungsurteil 1975 angesehen werden kann[21]. Gleich wenn man das Schutzkonzept des

---

[17] BVerfGE 39, 1 = NJW 1975, S. 576 f.
[18] BVerfGE 39, 1 = NJW 1975, S. 577.
[19] BVerfGE 39, 1 = NJW 1975, S. 577.
[20] BVerfGE 39, 1 = NJW 1975, S. 578.
[21] Tröndle, vor § 218, in: Tröndle/Fischer, Kommentar zum Strafgesetzbuch, 49. Aufl., 1999, S. 1164.

21

zweiten Schwangerschaftsabbruchs als »prozedurale Rechtfertigung« oder als »Fristenregelung mit Beratungsangebot« oder als »Letztverantwortungskonzept« bezeichnet, erkennt man, dass das zweite Schwangerschaftsabbruchurteil inkonsistent ist, indem das Bundesverfassungsgericht den Status des ungeborenen Lebens und die rechtliche Lösung des Schwangerschaftsabbruchs widersprüchlich begründet.

In seinem zweiten Urteil aus dem Jahre 1993 erklärt das Bundesverfassungsgericht über die Menschenwürde und das Lebensrecht der Leibesfrucht nahezu das gleiche wie in seinem ersten Urteil aus dem Jahre 1975. Besonders tritt der berühmte Satz im ersten Abtreibungsurteil »Wo menschliches Leben existiert, kommt ihm Menschenwürde zu« wieder in das zweite Schwangerschaftsabbruchurteil auf[22]. Während sich das Bundesverfassungsgericht auf das Potentialitätsargument und das Kontinuitätsargument im ersten Schwangerschaftsabbruchurteil bezieht, beruft es sich im zweiten Schwangerschaftsabbruchsurteil besonders auf das Identitätsargument[23]. Nach dem Identitätsargument ist der Embryo schon ein Mensch, weil schon beim Embryo die Identität mit dem geborenen Menschen besteht. Nach dem zweiten Schwangerschaftsabbruchsurteil besteht die Identität des Embryos mit dem Menschen aus folgenden Elementen: seine genetische Identität, seine Einmaligkeit und Unverwechselbarkeit[24].

Der erste bis vierte Leitsatz des zweiten Schwangerschaftsabbruchurteils macht deutlich, dass der Grundgedanke des ersten Schwangerschaftsabbruchurteils des Bundesverfassungsgerichts über die Menschenwürde und das Lebensrecht des ungeborenen menschlichen Lebens, die staatliche Schutzpflicht zum menschlichen Leben und den Schwangerschaftsabbruch als Unrecht, weiterhin bestehen bleibt.
Im fünften Leitsatz[25] kann man Unterschiede zwischen dem ersten und zweiten Schwangerschaftsabbruchurteil feststellen. Genauso wie im ersten Schwanger-

---

[22] BVerfGE 88, 203 = NJW 1993, S. 1753.
[23] BVerfGE 88, 203 = NJW 1993, S. 1753.
[24] BVerfGE 88, 203 = NJW 1993, S. 1753. Hier muss man klarstellen, dass das Bundesverfassungsgericht den Anwendungsbereich des zweiten Urteils auf den Zeitraum des § 218 I StGB beschränkt.
[25] Die Reichweite der Schutzpflicht für das ungeborene menschliche Leben ist im Blick auf die Bedeutung und Schutzbedürftigkeit des zu schützenden Rechtsguts einerseits und damit kollidierender Rechtsgüter andererseits zu bestimmen. Als vom Lebensrecht des Ungeborenen berührte Rechtsgüter kommen dabei – ausgehend vom Anspruch der schwangeren Frau auf Schutz und Achtung ihrer Menschenwürde (Art. 1 I GG) – vor allem ihr Recht auf Leben und körperliche Unversehrtheit (Art. 2 II GG) sowie ihr Persönlichkeitsrecht (Art. 2 I GG) in Betracht (BVerfGE 88, 203 = NJW 1993, S. 1751).

22

schaftsabbruchurteil verpflichtet sich der Staat nicht in Bezug auf menschliches Leben allgemein, sondern in Bezug auf das einzelne Leben, die rechtlichen Voraussetzungen seiner Entfaltung zu gewährleisten. Aber während das Bundesverfassungsgericht im ersten Schwangerschaftsabbruchurteil die Schutzpflicht des Staates *in der Beziehung zur Menschenwürde als Mittelpunkt der objektiven Wertordnung des Grundgesetzes* bestimmt, bestimmt es im zweiten Schwangerschaftsabbruchurteil die Schutzpflicht des Staates *in der Dimension der Bedeutung und Schutzbedürftigkeit des zu schützenden Rechtsguts einerseits und damit kollidierender Rechtsgüter andererseits und in der Dimension des angemessenen und als solchem wirksamen Schutzes*[26]. Die unterschiedliche Formulierung der staatlichen Schutzpflicht im zweiten Schwangerschaftsabbruchurteil ist der Grund dafür, warum das Bundesverfassungsgericht im zweiten Schwangerschaftsabbruchurteil das Beratungsmodell unterstützt, während es im ersten Abtreibungsurteil das Indikationsmodell unterstützt.

Den Wechsel des Schutzkonzepts vom Indikationsmodell zum Beratungsmodell begründet das Bundesverfassungsgericht einerseits *mit dem wirksamen Schutz des ungeborenen Lebens nur mit der Mutter*[27] und andererseits *mit dem ungenügenden Schutz der bisherigen Indikationsregelung*[28]. Im Mittelpunkt des Wechsels des Schutzkonzepts vom Indikationsmodell zum Beratungsmodell liegt nicht »das bessere Recht des ungeborenen Lebens«, sondern »die bessere Schutzwirkung für das ungeborene Leben«[29]. Winfried Hassemer sieht hier den Rücktritt der bisherigen Rechtfertigungsdogmatik („Rechtfertigung setzt ein besseres Recht voraus; über die Voraussetzungen der Rechtfertigung entscheidet im Einzelfall der Strafrichter")[30]. „Weder wird verlangt, dass sich in der konkreten Situation ein besseres Recht oder ein höheres Interesse durchsetzt – von so etwas ist gar nicht die Rede –, noch wird geregelt, dass der Strafrichter im Einzelfall die Voraussetzungen der Rechtfertigung inhaltlich feststellt[31]." Das Bundesverfassungsgericht vertritt im zweiten Schwangerschaftsabbruchurteil die Auffassung, dass die präventive Schutzwirkung durch die Beratung wirksamer und effektiver ist als die repressive Schutzwirkung durch die Sanktionen[32]. Das stellt

---

[26] Vergleiche BVerfGE 39, 1 = NJW 1975, S. 575 f. und BVerfGE 88, 203 = NJW 1993, S. 1753 f.
[27] BVerfGE 88, 203 = NJW 1993, S. 1754.
[28] BVerfGE 88, 203 = NJW 1993, S. 1756.
[29] BVerfGE 88, 203 = NJW 1993, S. 1757.
[30] Hassemer, Prozedurale Rechtfertigungen, in: FS für Mahrenholz, 1994, S. 733.
[31] Hassemer, aaO, S. 732.
[32] BVerfGE 88, 203 = NJW 1993, S. 1757.

eine Abweichung vom ersten Schwangerschaftsabbruchurteil dar[33]. Mit dem Wechsel vom Indikationsmodell zum Beratungsmodell wurde das Konzept des Lebensschutzes verändert. Es bleibt nur noch der Gedanke über die Menschenwürde und das Lebensrecht des ungeborenen menschlichen Lebens. Damit erscheint der Inhalt des zweiten Schwangerschaftsabbruchurteils widersprüchlich.

Der Hauptgrund des Widerspruches im zweiten Schwangerschaftsabbuchurteil liegt darin, dass das Beratungsmodell eingeführt wird, obwohl die absolute Menschenwürde des Fötus anerkannt wird. Um diesen Widerspruch zu lösen, muss man entweder die absolute Menschenwürde des Fötus verneinen oder das erste Schwangerschaftsabbruchurteil (das Indikationsmodell) befolgen. Bundesverfassungsgerichtsrichter Mahrenholz und Sommer versuchen diese Widersprüche zu korrigieren, indem sie die Relativität und die Abwägbarkeit der Menschenwürde des ungeborenen Lebens und der Frau betonen.[34]. Nach dieser abweichenden Meinung von Mahrenholz und Sommer sind die nach Beratung erfolgenden Schwangerschaftsabbrüche »gerechtfertigt«, während sie nach dem zweiten Schwangerschaftsabbruchurteil »rechtswidrig, aber straffrei« sind[35]. Außerdem unterstützt die abweichende Meinung von Mahrenholz und Sommer das Schutzkonzept des Beratungsmodells, indem sie einerseits die Schutzwirkung der Beratung in der Frühphase betont, andererseits das Kriterium der Unzumutbarkeit kritisiert[36].

Herbert Tröndle sieht auch die Widersprüche des zweiten Schwangerschaftsabbruchurteils. Aber er versucht diese Widersprüche zu lösen, indem er die Fristenregelung mit einem Beratungsangebot kritisiert. „Für ein solches „Schutzkonzept" ist aber nicht nur – entgegen des LS 2 – die Preisgabe des Lebensschutzes des *einzelnen* Ungeborenen, sondern – entgegen des LS 1 – die Absenz jeglichen *staatlichen* Schutzes für dieses *einzelne* Leben nachgerade typisch und evident[37]." Die Fristenregelung mit Beratungsangebot ist auch nach den empirischen Daten nicht mit dem besseren Lebensschutz verbunden[38].

---

[33] Vergleiche BVerfGE 39, 1 = NJW 1975, S. 578. und BVerfGE 88, 203 = NJW 1993, S. 1757.
[34] BVerfGE 88, 203 = NJW 1993, S. 1774.
[35] BVerfGE 88, 203 = NJW 1993, S. 1776.
[36] BVerfGE 88, 203 = NJW 1993, S. 1775.
[37] Tröndle, aaO, S. 1164.
[38] Tröndle, aaO, S. 1166.

II. Vergleich mit der embryonalen Stammzellenforschung

Ein vollständiger Vergleich zwischen dem Schwangerschaftsabbruch und der embryonalen Stammzellenforschung ist in diesem Rahmen nicht möglich. Aber man kann eine Ähnlichkeit und ebenso Unterschiede zwischen beiden Bereichen feststellen.

Die Ähnlichkeit in beiden Bereichen besteht in der Frage der Anerkennung der Menschenwürde des Embryos (nach der Einnistung oder vor der Einnistung). Wenn sie absolut geschützt werden muss, muss sowohl der Schwangerschaftsabbruch als auch die embryonale Stammzellenforschung absolut verboten werden. Ist das Prinzip der absoluten Menschenwürde auch auf den Embryo im sehr frühen Entwicklungsstadium anzuwenden? Wenn das Prinzip der absoluten Menschenwürde auf den Embryo anzuwenden ist, wie man im ersten Schwangerschaftsabbruchurteil sehen kann, entsteht eine Kluft zwischen Fakt und Norm. Und wie man im zweiten Schwangerschaftsabbruchsurteil sehen kann, tauchen die Widersprüche unter der absoluten Menschenwürde des Embryos auf, wenn der Schwangerschaftsabbruch erlaubt ist, egal ob die Form des Erlaubens »rechtwidrig aber straffrei« ist. Horst Dreier kritisiert die Inkonsistenz des Schwangerschaftsabbruchsurteils des BVerfG mit der absoluten Menschenwürde des ungeborenen menschlichen Lebens. Er schlägt vor, dass die verfassungsrechtliche Diskussion über die Regelung des Schwangerschaftsabbruchs nicht über die Menschenwürde, sondern über das Lebensrecht geführt werden muss. „Nach alledem kann das Fazit nur lauten, die verfassungsrechtliche Diskussion über die Regelung des Schwangerschaftsabbruches von der schweren Bürde des Art. 1 Abs. 1 GG zu befreien und auf der Basis des Art. 2 Abs. 2 GG konsistente, gestufte Lösungen zu suchen[39]."

Man muss also beim Thema „Stammzellenforschungsregelung" zuerst untersuchen, ob der Embryo *in vitro* der Träger der absoluten Menschenwürde ist. Dabei muss man beachten, dass die Frage, wie stark das Lebensrecht des Embryos (nach der Einnistung oder vor der Einnistung) anerkannt wird, besonders wichtig ist.

Der Ausgangspunkt des Schwangerschaftsabbruchsurteils muss nicht die absolute Menschenwürde, sondern das Lebensrecht sein, wenn der Widerspruch des Schwangerschaftsabbruchurteils vermieden werden muss. Ein ähnlicher Widerspruch taucht auf, wenn die Embryonenforschung erlaubt ist, obwohl die absolute Menschenwürde des Embryos *in vitro* anerkannt ist. „Auch Menschenwürde

---

[39] Dreier, Menschenwürdegarantie und Schwangerschaftsabbruch, DÖV 1995, S. 1040.

und menschliches Leben, einschließlich embryonalen Lebens, ist zweierlei. Im Bereich der Humangenetik wird das wohl vor allem aktuell in jenen viel bedachten Sachverhalten, in denen es um das Schicksal der sog. »überzähligen« Embryonen oder genauer gesagt Zygoten geht, die bei der in-vitro-Fertilisation, etwas zynisch ausgedrückt, anfallen, aber dann wieder ausfallen müssen. Hier besteht sicherlich ein gesetzlicher Regelungsbedarf; aber [...] Menschenwürde ist eben auch hier nicht das zutreffende Stichwort. Es geht um – möglichen – Lebensschutz, nicht um Menschenwürde[40]."

Die Unterschiede zwischen dem Schwangerschaftsabbruch und der embryonalen Stammzellenforschung kann man bei der Beziehung zwischen der Mutter und dem Fötus erfahren. Die Beziehung »Zweiheit in Einheit« spielt eine große Rolle beim Schwangerschaftsabbruch, während sie bei der embryonalen Stammzellenforschung fehlt. Stattdessen spielt die Bedeutung der embryonalen Stammzellenforschung bei der Bekämpfung bisher unheilbaren, schweren Krankheiten, beispielsweise Parkinson, Alzheimer oder Herz-Kreislauf-Erkrankungen eine Rolle. Embryonale Stammzellen sollen bei vielen Krankheiten helfen. Grundlage für das Heilungsversprechen ist die unbegrenzte Vermehrungsfähigkeit der Stammzellen und ihre Fähigkeit, sich prinzipiell zu jedem Gewebe entwickeln zu können. Stammzellen bezeichnet man als *Totipotenz* (Zellen, die sich in alles verwandeln können) oder *Pluripotenz* (Zellen, die sich in vieles verwandeln können). Die Aussicht auf neue therapeutische Möglichkeiten, die sich unter Umständen verwirklichen lassen, ist bei der embryonalen Stammzellenforschung sehr wichtig. Darf der Verbrauch des Embryos *in vitro* in Kauf genommen werden, weil die Stammzellenforschung möglicherweise zur Therapie schwerer Krankheiten führt.

---

[40] Lerche, Verfassungsrechtliche Aspekte der Gentechnologie, in: Lukes/Scholz (Hrsg.), Rechtsfragen der Gentechnologie, 1986, S. 108.

2. Kapitel
Der Status des Embryos *in vitro*

In diesem Kapitel werde ich auf den Status des Embryos *in vitro* eingehen. Hier unterscheide ich drei Positionen, nämlich die unabwägbare Menschenwürde des Embryos *in vitro* (I), die Grundrechtssubjektivität des Embryos *in vitro* (II) und die schwache Menschenwürde oder Vorwirkung der Menschenwürde (III). Unter (I) sind die unabwägbare Menschenwürde und das Lebensrecht des Embryos *in vitro* anerkannt, unter (II) sind jedoch beide verneint. Unter (III) wird die abwägbare Menschenwürde auf verschiedene Weise vorgestellt. Ich vertrete hier die Meinung, dass der Embryo *in vitro* keine Menschenwürde und kein Lebensrecht, sondern die Potentialität zum Individuum besitzt.

I. Unabwägbare Menschenwürde des Embryos *in vitro*
(Christian Starck, Robert Spaemann
/ Mathias Kettner, Kathrin Braun, Otfried Höffe)

Christian Starck begründet in seinem Aufsatz „Verfassungsrechtliche Grenzen der Biowissenschaft und Fortpflanzungsmedizin" die Menschenwürdeverletzung der Stammzellenforschung und der Präimplantationsdiagnostik mit der Objektformel von Günter Dürig, die auf Kant zurückgeht[41], indem er ein strenges *Konnextitätsverhältnis* zwischen In-vitro-Fertilisation und Einpflanzung der so erzeugten Embryonen in die Gebärmutter betont; Embryonen dürfen *in vitro* nur zur Entstehung gebracht werden, um sie anschießend der Frau einzupflanzen, von der die Eizelle stammt[42]. Die Meinung von Christan Starck über die Forschung mit überzähligen Embryonen kann man mit der Meinung von Ernst-Wolfgang Böckenförde vergleichen. Während Christian Starck auf die Forschung mit überzähligen Embryonen die Objektformel anwendet, wendet Ernst-Wolfgang Böckenförde diese nicht an[43].

---

[41] Starck, Verfassungsrechtliche Grenzen der Biowissenschaft und Fortpflanzungsmedizin, JZ 2002, S. 1067.

[42] Starck, aaO, S. 1067.

[43] Böckenförde, Menschenwürde als normativer Prinzip, JZ 2003, S. 813; Trotz der Nicht-Anwendung der Objektformel auf die Forschung mit überzähligen Embryonen behauptet Böckenförde das Nichtsein der Voraussetzung der Rechtfertigung. Die Forschung mit überzähligen Embryonen ist gerechtfertigt, wenn überhaupt keine anderen, milderen Mittel zur Lösung des Konflikts zur Verfügung stehen. Aber wegen der Möglichkeit der Forschung an adulten oder Stammzellen aus Nabelschnurblut, bei der Embryonen nicht verbraucht werden, und wegen der ungesicherten Erwartungen

Gegen die Argumentation, dass die Kernverschmelzung als Beginn individuellen menschlichen Lebens unter dem Gesichtspunkt der Kontinuität, der Potentialität und der Identität in Frage gestellt wird, verteidigt Christian Starck den Status des Embryos mit dem *Programmargument*: „Die Potentialität des Embryos ist also eine aktive Potentialität mit einem fertigen Programm, das nicht erst bei der Einnistung vervollständigt wird, sondern schon vollständig vorliegt[44]". Mit dem Vergleich zwischen Person und Sache verteidigt er den Status des Embryos als »Person«[45].

Wie Christian Starck stimmt Robert Spaemann dem Embryo *in vitro* die Menschenwürde zu. Er benutzt den Begriff »Menschheitsfamilie«, die auch Personengemeinschaft ist. Seiner Meinung nach gibt es nur ein zulässiges Kriterium für menschliche Personalität: die biologische Zugehörigkeit zur Menschheitsfamilie. Er legt Wert darauf, dass die befruchtete Eizelle das vollständige DNA-Programm enthält. Daraus zieht er den Schluss, dass es zu jedem Zeitpunkt geboten ist, das, was von Menschen gezeugt worden ist und sich autonom auf eine erwachsene Menschengestalt hin entwickelt, als »jemanden« zu betrachten, der nicht als »etwas«, zum Beispiel als Teil eines Organersatzlagers zugunsten anderer verwendet werden darf[46]. Es gibt keinen Zeitpunkt, wo »etwas« zu »jemandem« wird. Wer jemand ist, ist es immer. Mit diesem einmaligen Kriterium kritisiert er alle Versuche, einem großen Teil der Menschheitsfamilie das Personsein abzusprechen und den Begriff der Menschenrechte durch den Begriff der Personenrechte zu ersetzen.

Nach dem Personenrechtsargument gelten als Person nur diejenigen Menschen, die bestimmten Kriterien genügen, die also z.B. Fähigkeit zur Selbstachtung besitzen, so dass die Personenrechte nur durch die Handlungen verletzt werden, die einem Menschen die Selbstachtung nehmen. *Zunächst* kritisiert er den Entstehungsgrund vom Personenrechtsargument. Er nennt die technische Möglichkeit, Embryonen als Ersatzteillager für therapeutische Zwecke zu nutzen, als Grund aller Versuche, diesen Embryonen den Personenstatus und damit den Selbstzweckcharakter abzuerkennen[47]. *Zweitens* hat das Personenrechtsargument seiner Meinung nach eine große Begründungslast, denn es widerspricht der gesamten

---

auf Heilmittel gegen schwere Krankheiten ist die Forschung an embryonalen Stammzellen seiner Meinung nach gar nicht das allein geeignete Mittel (aaO, S. 813).

[44] Starck, aaO, S. 1069.

[45] Starck, aaO, S. 1069 f.

[46] Spaemann, Gezeugt, nicht gemacht, in: Geyer (Hrsg.), Biopolitik, 2001, S. 49.

[47] Spaemann, Wer jemand ist, ist es immer, in: Geyer (Hrsg.), Biopolitik, 2001, S. 80.

Tradition, nicht nur der Europäischen, sondern auch der Menschheitsethik[48].
Drittens versucht er mit zwei Beispielen zu beweisen, dass bestimmte Eigenschaften wie Selbstbewusstsein und Selbstachtung als Kriterien nicht funktionieren. Das erste Beispiel ist der Hunger und der bewusste Hunger; der Hunger beginnt nicht erst mit seinem Bewusstwerden, sondern er ist derselbe Hunger, der zuerst unbewusst war und dann zum bewussten Hunger wurde. Das zweite Beispiel ist das Personalpronomen „ich" und das „Ich-Bewusstsein"; das Personalpronomen „ich" bezieht sich nicht auf ein Ich-Bewusstsein, sondern auf das beginnende Lebewesen Mensch, das erst später „ich" sagen lernt, und zwar, weil andere Menschen zu ihm bereits „du" sagten, ehe es selbst „ich" sagen konnte[49].

Das Kriterium »biologische Zugehörigkeit zur Menschheitsfamilie« ist die Gemeinsamkeit zwischen dem Embryo *in vitro* und dem geborenen Menschen, aber dieses Kriterium ist meines Erachtens nicht in der Lage, die Frage zu beantworten, warum der Status „Menschenwürde" dem Embryo *in vitro* anerkannt werden muss. Reinhard Merkel kritisiert das Speziesargument als einen Musterfall dessen, was Philosophen den »naturalistischen Fehlschluss« nennen: *die (unmögliche) direkte Ableitung einer Norm aus einem Faktum*[50]. Er findet die Bedeutung der DNA darin unerfindlich, wie und warum die molekulare Mikrostruktur der DNA als solche das Lebensrecht begründen oder genießen kann. Er behauptet, dass man bestimmte menschliche Eigenschaften benennen muss, um Wesen mit diesen Eigenschaften das Lebensrecht zu gewährleisten[51]. Seiner Meinung nach ist offensichtlich, dass der Embryo *in vitro* in seinem aktuellen Zustand keine einzige dieser Eigenschaften aufweist[52].

Ein Vorteil des Vergleiches zwischen dem Embryo *in vitro* und dem geborenen Menschen liegt darin, dass man dadurch den Unterschied zwischen dem Embryo *in vitro* und dem geborenen Menschen am besten erfahren kann. Um dem Embryo *in vitro* den gleichen Status wie dem geborenen Menschen, also den Status „Menschenwürde" zu geben, werden vier Argumente angeführt: Kontinuitätsargument, Speziesargument, Identitätsargument und Potentialitätsargument. Das Potentialitätsargument hat meines Erachtens jedoch eine andere Bedeutung als nach der Meinung von Christian Starck. Die anderen Argumente haben zwar das gleiche Ziel, aber eine andere Methode. Während das Identitätsargument den

[48] Spaemann, Gezeugt, nicht gemacht, in: Geyer (Hrsg.), Biopolitik, 2001, S. 48.
[49] Spaemann, aaO, S. 48 f.
[50] Merkel, Forschungsobjekt Embryo, 2002, S. 131.
[51] Merkel, aaO, S. 137.
[52] Merkel, aaO, S. 137 ff.

30

Status des Embryos *in vitro* dadurch erreichen will, dass es den Vergleich zwischen dem Embryo *in vitro* und dem geborenen Menschen durchführt und das Speziesargument den Status des Embryos *in vitro* durch das biologische Kriterium „homo sapiens" erreichen will, vermeidet das Kontinuitätsargument das Festhalten am embryonalen Status. Das Kontinuitätsargument benutzt nur die indirekte Methode zur Begründung des embryonalen Status.

Es ist zwar selbstverständlich, dass der menschliche Entwicklungsprozess ein kontinuierlicher Vorgang ist und es einen willkürlichen Einschnitt für den Anfang und das Ende des Lebens geben kann, aber es ist nicht wahr, dass es keinen Einschnitt außer der Befruchtung gibt, und alle Einschnitte außer Befruchtung willkürlich sind. Allerdings kann der Zeitpunkt der Befruchtung als das bessere Argument dafür gegeben werden, dass das menschliche Leben ab der Befruchtung den absoluten Schutz bekommt und unter Menschenwürde und Lebensrecht steht. Aber meines Erachtens springt der Unterschied zwischen dem Embryo *in vitro* und dem geborenen Menschen über die Kontinuität hinweg. Deshalb ist es nicht willkürlich, einen angemessenen Einschnitt zu markieren, sondern es ist willkürlich, keinen Einschnitt außer der Befruchtung zu markieren. Um einen angemessenen Einschnitt zu markieren und den Sein-Sollen-Fehlschluss zu vermeiden, muss das Seinwesen entweder das Wesen sein, das das Recht hat, oder mindestens das Wesen sein, das durch das Sollen begründet werden kann. Deshalb ist es ganz wichtig, das Seinwesen unter den Aspekt »relevante Eigenschaften« zu begründen[53].

Um den Sein-Sollen(Menschenwürde)-Fehlschluss der Homo-sapiens-Charakteristik zu vermeiden, versucht Mathias Kettner mit dem Kriterium »Selbstachtung von normalerweise moralentwickelnden Wesen« den Status „Menschenwürde" zu begründen. Er unterscheidet zwischen dem Rechtfertigungsgrund und dem Zuschreibungsgrund für den Status der Menschenwürde. Der Rechtfertigungsgrund für den Status „Menschenwürde" ist die *Selbstachtung* von normalerweise moralentwickelnden Wesen (Humanum-Charakteristik), während der Zuschreibungsgrund für den Status der Menschenwürde die *Eigenschaft* ist, zu einer Art von normalerweise moralentwickelnden Lebewesen zu gehören (Homo-sapiens-Charakteristik). Nach Kettner verweist der Rechtfertigungsgrund »Human-Charakteristik« auf den normativen Inhalt der Menschenwürde, während der Zuschreibungsgrund »Homo-sapiens-Charakteristik« empirisch erklärt, warum der Status der Menschenwürde einem bestimmten Wesen

---

[53] Leist, Eine Frage des Lebens, 1990, S. 60.

gegeben wird. Damit enthält der Begriff „Status" eine normative und eine empirische Komponente.

Er behauptet weiter, dass die Status-Zuschreibungsgründe und die Status-Rechtfertigungsgründe *vorrangig* im Licht der *Letzteren* zusammenpassen müssen[54]. Aber man sollte nicht übersehen, dass der Begriff »Selbstachtung« bei der Menschenwürde *rein normativ* verwendet wird. Um von „Selbstachtung des Menschen" zu reden, muss man meines Erachtens mindestens *die Empfindungsfähigkeit* voraussetzen. Ansonsten wird die Reichweite der Selbstachtung zu sehr erweitert, die nur mit der Metaphysik erklärt werden kann. Auf idealisierte Weise kann man die Menschenwürde formulieren. Aber mir scheint diese idealorientierte Antwort *sehr* unideal. Was uns ideal scheint, ist in Wirklichkeit nicht ideal. In Bezug auf den Embryo *in vitro* enthält auch die Meinung von Matthias Kettner das Risiko, die Selbstachtung auf die metaphysische Weise zu begründen: „Auch wenn nicht wirklich jeder Mensch diese Selbstachtung zeigt, ist sie humantypisch, weil es normal für uns Menschen ist, dass wir sie zeigen[55]."

Seiner Meinung nach ist die Selbstachtung der Rechtfertigungsgrund des Status „Menschenwürde" und die Menschenwürde ist der Rechtfertigungsgrund der Menschenrechte[56]. In diesem Kontextsinne beruft man sich auf den Begriff „Menschenrechte" und bemüht sich darum, dass das Lebensrecht des Embryos *in vitro* mit den moralbezogenen Menschenrechten anerkannt wird. Dadurch wird die Ebene der Werte „Potentialität" des Embryos *in vitro* mit der Ebene der Interessen „Lebensrecht" verwechselt. Aber wie bei der Selbstachtung kann man hier nur auf ideal-orientierte Argumentationsweise das Lebensrecht des Embryos *in vitro* begründen.

Wie Mathias Kettner begründet Kathrin Braun zuerst absolute Geltung der Menschenwürde mit dem *Moralvermögen* und konkretisiert dadurch objektive Geltung der Menschenrechte: „Das bedeutet, dass ein Wesen, dem Würde zukommt, immer auch Rechtsträger ist. Es bedeutet nicht, dass dessen Rechte subjektiv-rechtlich ausgestaltet sein müssen; es kann sinnvoller sein, sie objektivrechtlich zu schützen[57]." Es kann richtig sein, den Geltungsgrund der Menschenwürde mit dem Moralvermögen zu begründen, aber es ist aus meiner Sicht nicht richtig, ihren Gegenstand auf einen Embryo *in vitro* zu erweitern. Deswegen müsste Braun

---

[54] Kettner, Über die Grenzen der Menschenwürde, in: ders., (Hrsg.), Biomedizin und Menschenwürde, 2004, S. 310 ff.
[55] Kettner, aaO, S. 314.
[56] Kettner, aaO, S. 295.
[57] Braun, Die besten Gründe für eine kategorische Auffassung der Menschenwürde, in: Kettner (Hrsg.), Biomedizin und Menschenwürde, 2004, S. 88.

das Lebensrecht des Embryos *in vitro* als *objektives Recht* formulieren. Aber das Recht, Rechte zu haben, ist genau genommen die Potentialität des Embryos *in vitro*. Die Menschheit beim Instrumentalisierungsverbot von Kant, die Menschenwürde in Bezug auf das Moralvermögen und die Vernunftbegabung wirken sich auf das Embryo *in vitro* aus, und führen zur Anerkennung des Menschenrechts, also des Lebensrechts des Embryos *in vitro*.

Aber der Zustand des Embryos *in vitro* ist noch kein Wesen des Moralvermögens und der Vernunft. Allerdings hat er schon die Potentialität zum Wesen des Moralvermögens und der Vernunft. Wie kann man diese Potentialität beurteilen? Die Potentialität des Embryos *in vitro* wird meines Erachtens weder durch die Menschenwürde nach dem Moralvermögen (Vernunftbegabung) geschützt, noch direkt durch das Lebensrecht. Aber die Meinung, die den Gegenstand der Menschenwürde auf den Embryo *in vitro* erweitert, erweitert das Menschenrecht, also das Lebensrecht auf den Embryo *in vitro*.

Otfried Höffe begründet universale Geltung der Menschenrechte mit der *Wechselseitigkeit, also dem Tausch von unverzichtbaren Interessen*, während Kathrin Braun objektive Geltung der Menschenrechte aus der Menschenwürde herleitet. Die Idee des Tausches von unverzichtbaren Interessen ist hervorragend, aber ihr Umfang scheint mir ziemlich groß zu sein. Höffe erklärt auf der einen Seite den Geltungsgrund der Menschenrechte mit dem Tausch von Interessen, aber auf der anderen Seite macht er die erste Begründung nichtig, indem er die *Vernunftbegabung* als Interesse erfasst.

Er schlägt drei Kategorien von Interessen vor, die jedem Menschen zugeschrieben werden können: erstens den Menschen als Leib- und Lebewesen, zweitens den Menschen als vernunft- und sprachbegabtes Wesen und drittens den Menschen als sozialfähiges und politikfähiges Wesen[58]. Seiner Meinung nach hat der Embryo *in vitro* schon das Menschenrecht, und zwar das Lebensrecht, weil er sowohl ein Leib- und Lebewesen als auch ein vernunftbegabtes Wesen ist. Außerdem versucht er in Bezug auf Kants Menschlichkeit mit der *normativ besetzten Menschlichkeit* den Sein-Sollen-Fehlschluss zu vermeiden[59]. Kann Höffe mit seiner Begründung „die Vernunftbegabung des Embryos *in vitro*" den Sein-Sollen-Fehlschluss vermeiden? Ich denke, dass der Embryo mindestens *empfindungsfähig* sein muss, um Lebensrecht zu haben. Die Empfindungsfähigkeit ist eine notwendige Bedingung, auch wenn sie keine hinreichende Bedingung für

---

[58] Höffe, Gibt es ein interkulturelles Strafrecht?, 1999, S. 53.
[59] Höffe, Medizin ohne Ethik?, 2002, S. 77.

Interesse ist[60]. Höffe verwechselt aber den Begriff des Interesses mit der normativ besetzten Menschlichkeit.

II. Grundrechtssubjektivität des Embryos *in vitro* (Horst Dreier / Peter Singer, Norbert Hoerster / Hasso Hofmann, Hans-Martin Sass)

Soeben habe ich die *biologische* Begründung der Menschenwürde des Embryos *in vitro* mit der Homo-sapiens-Charakteristik und die *ideale* Begründung der Menschenwürde des Embryos *in vitro* mit der Humanum-Charakteristik kritisiert. Nach diesen Meinungen wird das Lebensrecht aus der Menschenwürde abgeleitet und begründet. Aber das Lebensrecht und die Menschenwürde müssen meiner Meinung nach *getrennt* begründet werden. Hier werde ich auf einige kritische Aufsätze über die Grundrechtssubjektivität (das Lebensrecht) des Embryos *in vitro* eingehen, die voraussetzen, dass das Lebensrecht und die Menschenwürde getrennt begründet werden.

Horst Dreier kritisiert in seinem Aufsatz „Stufungen des vorgeburtlichen Lebensschutzes" den gleichen Lebensrechtsschutz zwischen der geborenen Person und dem ungeborenen Leben und begründet den gestuften („wachsenden") Schutz des vorgeburtlichen Lebens[61]. Nachdem er die Unterschiede zwischen der Menschenwürde und dem Lebensrecht mit Art. 1 I, Art 2 II 3 GG und mit einigen Beispielen erwähnt hat, versucht er die großen Unterschiede zwischen der Opferung eines geborenen Menschen für bestimmte Zwecke und der Forschung an überzähligen Embryonen im frühen Entwicklungsstadium vor der Nidation anhand des geltenden Rechts rational zu rekonstruieren[62]. Für die Bestätigung der kategorialen Differenz zwischen dem Lebensrecht geborener Menschen und dem Schutz vorgeburtlichen Lebens nennt er als Beispiel die Regelungen im Bürgerlichen Recht (Art. 1 und Art 1923 II BGB), im Strafrecht (Tötungsdelikte und Art. 218 ff StGB) und die beiden Schwangerschaftsabbruchurteile des Bundesverfassungsgericht[63]. Zugleich sagt er, dass eine kategoriale Differenz zwischen dem Lebensschutz geborener Menschen und dem des ungeborenen Lebens

---

[60] Hinkmann, Der Tausch von Interessen – ein universalistischer Begründungsversuch, in: Göller (Hrsg.), Philosophie der Menschenrechte: Methodologie, Geschichte, kultureller Kontext, 1999, S. 94.
[61] Dreier, Stufungen des vorgeburtlichen Lebensschutzes, ZRP 2002, S. 377.
[62] Dreier, aaO, S. 378.
[63] Dreier, aaO, S. 378 f.

zu erkennen und anzuerkennen selbstverständlich keineswegs bedeutet, das vorgeburtliche Stadium vollständig schutzlos zu stellen[64].

Stattdessen behauptet er den gestuften vorgeburtlichen Lebensschutz in der Rechtsordnung mit vier Phasen, nämlich pränidative Phase, von der Nidation bis zur zwölfen Schwangerschaftswoche, von der 13. bis zur 22. Schwangerschaftswoche und von der 23. Schwangerschaftswoche bis zur Geburt. Das werdende Leben nach der Vereinigung von Ei- und Samenzelle ist vor Abschluss der Einnistung in der Gebärmutter nach § 218 I 2 StGB strafrechtlich ungeschützt[65]. In der Phase von der Nidation bis zur zwölften Schwangerschaftswoche besteht faktisch eine Fristenregelung mit Beratungspflicht. Für diese Regelung und vor allem ihre *Vereinbarkeit* mit der sehr viel strengeren Rechtslage beim Embryonenschutzgesetz werden nach Dreier im Wesentlichen drei Argumente angeführt: das Argument der Autonomie der Frau und ihres Selbstbestimmungsrechts, das Argument des BVerfG »rechtswidrig, aber nicht strafbar« und das Argument des allein mit der Mutter schützenden Lebens[66].

Diese Meinung des gestuften („wachsenden") Schutzes des vorgeburtlichen Lebens wird aber von Norbert Hoerster stark kritisiert, der den Schutz des menschlichen Lebens nicht als »mehr oder weniger« Frage, sondern als »entweder oder« Frage betrachtet[67].

Nun werde ich auf die Abkopplungsmodelle zwischen dem ungeborenen Leben und dem Lebensrecht eingehen. Peter Singer unterscheidet zwischen einem »nicht-empfindungsfähigen Wesen«, einem »empfindungsfähigen Wesen« und einer »Person«.

Das Unterscheidungskriterium zwischen einem „nicht-empfindungsfähigen Wesen" und einem „empfindungsfähigen Wesen" ist die *Empfindungsfähigkeit*. Nach Singer ist die Gleichheit ein grundlegendes moralisches Prinzip, das keiner Begründung mehr bedarf. Aus diesem Standpunkt ergibt sich das Prinzip der gleichen Interessenabwägung[68]. „Die Fähigkeit, zu leiden und sich zu freuen, ist eine Grundvoraussetzung dafür, überhaupt Interessen haben zu können, eine Bedingung, die erfüllt sein muss[69]." Nach Singer sowie nach Bentham bestehen unter „empfindungsfähigen Wesen" nicht nur „menschliche empfindungsfähige

[64] Dreier, aaO, S. 379.

[65] Dreier, aaO, S. 379.

[66] Dreier, aaO, S. 379 f.

[67] Hoerster, Forum: Kompromisslösungen zum Menschenrecht des Embryos auf Leben?, JuS 2003, S. 530.

[68] Singer, Praktische Ethik (übersetzt von Bischoff, Wolf und Klose), 1994, S. 39.

[69] Singer, aaO, S. 85.

Lebewesen", sondern auch „nichtmenschliche empfindungsfähige Lebewesen".
Tiere haben danach Interessen, die von Menschen berücksichtigt werden müssen[70].
Das noch wichtigere Kriterium ist das Kriterium zwischen einem „empfindungsfähigen Wesen" und einer „Person", also „Nicht-Person" und „Person". Eine
Person unterscheidet sich von einer Nicht-Person dadurch, dass sie *ein rationales
und selbstbewusstes Wesen* ist. „Ein selbstbewusstes Wesen ist sich seiner selbst
als einer distinkten Entität bewusst, mit einer Vergangenheit und Zukunft. Ein
Wesen, das in dieser Weise seiner selbst bewusst ist, ist fähig, Wünsche hinsicht-
lich seiner eigenen Zukunft zu haben[71]." Ein empfindungsfähiges Wesen, das
keine Person ist, hat keine „Wünsche auf die Zukunft". Nach diesem Kriterium
gibt es menschliche Wesen, die keine Personen sind, und Personen, die keine
menschlichen Wesen sind. Nach Singer gehören Föten zu menschlichen Wesen,
die jedoch keine Personen sind. Singer betont, dass die Begriffe »menschliches
Wesen« und »menschliches Leben« voneinander unterschieden werden können,
seitdem sich die Lehre von der Heiligkeit des menschlichen Lebens in die beiden
getrennten Behauptungen aufspalten. Er betrachtet „menschliches Wesen" als
Äquivalent zum „Mitglied der Spezies homo sapiens", während er „menschliches Leben" unter dem Begriff „Person" betrachtet[72].

Norbert Hoerster hält aber das Kriterium »Person« für wenig hilfreich, weil es
Versuche gibt, die den Embryo bereits als Person betrachten wollen. Nach
Hoerster spielt der Personenbegriff nicht nur in der Verfassung keine Rolle, sondern er ist auch als ethisches Kriterium schon ungeeignet, weil er außerordentlich vage ist und – je nach Einstellung des betreffenden Autors – als Vehikel
ganz unterschiedlicher (empirischer, metaphysischer sowie religiöser) Attribute
dienen kann[73]. Auch Dieter Birnbacher, der mit der Frage „Sind die Begriffsum-
fänge der Begriffe „Mensch" und „Person" gleich?" die Äquivalenzdoktrin von
der Nichtäquivalenzdoktrin unterschieden hat, spricht über die Vagheit und die
Untauglichkeit des Begriffs „Person"[74]. Otfried Höffe kritisiert die Verwendung
von Lockes Personenbegriff für die neuen Probleme der Bioethik, weil die Person für Locke ein forensischer (strafrechtlicher) Begriff ist[75].

---

[70] Singer, aaO, S. 85 f.
[71] Singer, aaO, S. 123.
[72] Singer, aaO, S. 118.
[73] Hoerster, Ethik des Embryonenschutzes, 2002, S. 108.
[74] Birnbacher, Das Dilemma des Personenbegriffes, in: Strasser/Starz (Hrsg.), Personsein aus bioethi-
scher Sicht, ARSP Beiheft 73, 1997, S. 9 ff.
[75] Höffe, Medizin ohne Ethik?, 2002, S. 75 f.

Statt »Person« benutzt Hoerster mit seiner interessenorientierten Begründungs-
weise »Überlebensinteresse« als Kriterium für das menschliche zu schützende
Leben. Sein Kriterium »Überlebensinteresse« muss ein Bewusstsein besonderer
Art voraussetzen. Das Überlebensinteresse ist mit dem Ichbewusstsein und den
zukunftbezogenen Wünschen verbunden[76]. Das Überlebensinteresse setzt weiterhin voraus, dass das Individuum irgendwelche beobachtbaren Verhaltenswei-
sen zeigt, aus denen sich auf ein Überlebensinteresse schließen lässt. Die bloß
logisch denkbare Möglichkeit eines Überlebensinteresses reicht nicht aus[77].
Deswegen reicht der „Überlebensinstinkt" seiner Meinung nach nicht aus, der
gegen Eingriffe in seine körperliche Integrität gewisse Abwehrreaktionen vornimmt. Nach Hoerster hat jedes menschliche Individuum mit einem *Überlebensinteresse* das Recht auf Leben. Er behauptet, dass ein relevantes Überlebensinteresse allerfrühestens mit Beginn des vierten Lebensmonats entstehen kann[78]. A-
ber mit dem Beispiel einer Regelung des Straßenverkehrs behauptet er die Grenze der Geburt[79].

Peter Singer und Norbert Hoerster führen den Begriff „Lebensrecht" ein, das mit
dem Begriff „Person" und „Überlebensinteresse" verbunden ist. *Aber diese Meinungen übersehen die besonderen Situationen des Embryos ab der Gehirnentste-
hung.* Das Lebensrecht ist ein Rechtsbegriff vor den Rechten, während anderes
Recht ein Rechtsbegriff nach dem Lebensrecht ist. Das Lebensrecht ist zwar ein
Recht, aber ein besonderes Recht. Wenn man das Lebensrecht im sehr engen
Sinne interpretiert, kann das Leben mit dem Lebensrecht zum Leben ohne das
Lebensrecht verändert werden. Zum Beispiel handelt es sich bei der Abtreibung
nicht um die Interpretation des menschlichen Lebens ohne das Lebensrecht. Bei
der Abtreibung geht es um das menschliche Leben mit dem Lebensrecht.
Mir erscheint die *Empfindungsfähigkeit* als relevante Eigenschaft, die dem Embryo das Lebensrecht einräumen kann. In diesem Sinne ist mein Vorschlag eine
Art vom Speziesmus, weil andere Lebewesen mit der Empfindungsfähigkeit mit
dem Lebensrecht nicht geschützt werden können. Mit dem Kriterium »Empfindungsfähigkeit« kann der Sein-Sollen(Lebensrecht)-Fehlschluss vermieden werden. Wir wollen ein menschliches Lebewesen schützen, das Leiden empfinden
kann. Erst nach dem Zeitpunkt, nachdem das menschliche Lebewesen empfinden

---

[76] Hoerster, Neugeborene und das Recht auf Leben, 1995, S. 14 ff; ders., Ethik des Embryonenschutzes, 2002, S. 88.
[77] Hoerster, Ethik des Embryonenschutzes, 2002, S. 89.
[78] Hoerster, Neugeborene und das Recht auf Leben, 1995, S. 22.
[79] Hoerster, aaO, S. 27; ders., Ethik des Embryonenschutzes, 2002, S. 92.

kann, kann es ein Individuum sein. Mit dem Kriterium »Empfindungsfähigkeit«
sollte man das Tötungsverbot formulieren. Es bedarf der naturwissenschaftlichen
Forschung, um zu zeigen, wann der Embryo die Empfindungsfähigkeit hat. Aber
es ist nicht leicht festzustellen, ab wann der Embryo empfinden kann. Deswegen
denke ich, dass das Lebensrecht mit der Entstehung des Gehirns in Bezug auf
den Hirntod beginnt. Hasso Hofmann befasst sich in seinem kleinen Aufsatz
„Die Pflicht des Staates zum Schutz des menschlichen Lebens" hauptsächlich
mit dem Thema der staatlichen Schutzpflicht. Nach seiner Meinung ist der Anfang des schützenswerten Lebens im Vergleich zum Ende des menschlichen Lebens mit dem Hirntod das Einsetzen der Gehirnfunktion[80]. Hans-Martin Sass beschäftigt sich in seinem Aufsatz „Extrakorporale Fertilisation und Embryotransfer" auch mit der Frage des schützenden menschlichen Lebens mit der Gehirnfunktion[81].
Meines Erachtens hat der Embryo *in vitro* vor der Entstehung seines Gehirns das
Potential zur Individualität. Das Lebensrecht beginnt zu einem Zeitpunkt, der
zwischen Befruchtung und Geburt liegt. Aber das Lebensrecht beginnt anders als
Merkels Meinung[82] *mit der Entstehung des Gehirns*. Meines Erachtens hat der
Embryo *in vitro* keine Menschenwürde und kein Lebensrecht, jedoch den Wert
des menschlichen Lebens. Durch den Vergleich mit einem menschlichen Leichnam kann der Status des Embryos *in vitro* noch konkreter werden. Der menschliche Leichnam hat meines Erachtens keine Menschenwürde und kein Lebensrecht.
In ihm ist kein menschliches Leben mehr. Darin liegt der einzige Unterschied,
wenn man den Beginn des menschlichen Lebens ab der Befruchtung sieht. Und
auch darin liegt der Grund der Erweiterung der Menschenwürde auf den Embryo
in vitro. Wie der menschliche Leichnam zum Rotten Zeit braucht, braucht der
Mensch zur Entstehung Zeit.
Die Forschungsfreiheit ist ein wichtiges Grundrecht, die Embryonenforschungs-
freiheit hingegen nicht. Deswegen besteht die Möglichkeit der Wertabwägung
bei der Stammzellenforschung. Den menschlichen Leichnam kann man nicht be-
schädigen, wenn man vor dem Tod keine Einwilligung zum medizinischen Nutzen gibt. Auf diese Weise kann man normalerweise das Potential des Embryos *in
vitro* nicht vernichten. Aber durch Abwägung mit anderen Werten entstehen

---

[80] Hofmann, Die Pflicht des Staates zum Schutz des menschlichen Lebens, in: FS für Krause, 1990, S. 119.

[81] Sass, Extrakorporale Fertilisation und Embryotransfer, in: Flöhl (Hrsg.), Genforschung – Fluch o-der Segen?, 1985, S. 46.

[82] Seiner Meinung nach beginnt das Lebensinteresse zu dem Zeitpunkt (ab etwas der 20. Schwanger-schaftswoche), zu dem der Embryo ein integriertes, funktionsfähiges Neutralsystem hat, das subjek-tive Wahrnehmungen ermöglicht. Merkel, Früheuthanasie 2001, S. 461.

Ausnahmefälle, bei denen die Potentialität des Embryos *in vitro* nicht berücksichtigt wird.

III. Schwache Menschenwürde oder
Vorwirkung der Menschenwürde
(Dieter Birnbacher, Jörn Ipsen, Reinhard Merkel)

Hier werde ich wieder auf das Thema der „Menschenwürde", und zwar auf die Menschenwürde des Embryos *in vitro* eingehen, die die abwägbare Menschenwürde bedeutet.

Dieter Birnbacher rekonstruiert in seinem Aufsatz „Menschenwürde – abwägbar oder unabwägbar?" den Menschenwürdebegriff mit den drei Begriffen der Menschenwürde (Menschenwürde als Ensemble unabwägbarer moralischer Rechte, Menschenwürde als Respektierung des Humanum und Menschenwürde als Gattungswürde)[83], weil der Anwendungsbereich und die normative Kraft der drei Begriffe der Menschenwürde unterschiedlich sind[84]. Nach Birnbacher unterscheiden sich die drei Begriffe der Menschenwürde mit dem semantischen Unterschied, sondern auch mit dem gewissermaßen syntaktischen Unterschied. Während sich die Menschenwürde in ihrer ersten und zweiten Bedeutung auf Individuen, in der dritten auf ein Kollektiv bezieht[85], bezieht sich die Menschenwürde in ihrer ersten Bedeutung auf Pflichten »*gegenüber*«, in der zweiten und dritten auf Pflichten »*in Ansehung*«[86].

Zunächst formuliert er die Menschenwürde im starken Sinne, zu der seiner Meinung nach mindestens fünf Rechte gehören: das Recht, vor Würdeverletzungen im Sinne der Verächtlichmachung und Demütigung verschont zu bleiben, das Recht auf ein Minimum an Handlungs- und Entscheidungsfreiheit, das Recht auf Hilfe in unverschuldeten Notlagen, das Recht auf ein Minimum an Lebensqualität im Sinne von Leidensfreiheit und das Recht, nicht ohne Einwilligung und in schwerwiegender Weise zu fremden Zwecken instrumentalisiert zu werden[87]. Für seine Formulierung der starken Menschenwürde finde ich die folgenden drei Sätze wichtig: „Menschenwürde im starken Sinne impliziert, dass ihr Träger eine

---

[83] Früher schon Birnbacher, Gefährdet die moderne Reproduktionsmedizin die menschliche Würde?, in: Leist (Hrsg.), Um Leben und Tod, 1990, S. 266 ff.

[84] Birnbacher, Menschenwürde – abwägbar oder unabwägbar?, in: Kettner (Hrsg.), Biomedizin und Menschenwürde, 2004, S. 253.

[85] Birnbacher, aaO, S. 253.

[86] Birnbacher, aaO, S. 254.

[87] Birnbacher, aaO, S. 254 f.

Reihe von moralischen Rechten besitzt, die anderen bestimmte negative (Unter-lassungs-) und positive (Handlungs-)Pflichten auferlegen[88]." „Allerdings ist die-se Unabwägbarkeit nur dann aufrechtzuerhalten, wenn der Gehalt des Men-schenwürdebegriffs bewusst minimalistisch interpretiert wird[89]." „Die starke normative Kraft des starken Begriffs kann durch die basale Natur der Bedürfnis-se begründet werden[90]."

Danach formuliert er in Bezug auf *menschliche Embryonen, Föten und Leich-namen* die Menschenwürde im schwachen Sinne. Den Unterschied zwischen der Menschenwürde im starken Sinne und der im schwachen Sinne kann man in fol-genden beiden Sätzen gut erfahren. „Während die Rechte aus dem starken Men-schenwürdebegriff *unabwägbar* sind, sind die Pflichten aus dem schwachen Menschenwürdebegriff *abwägbar* gegen anderwertige Rechte und Pflich-ten[91]." „Eine funktionale Rechtfertigung des schwachen Menschenwürdebegriffs begründet, warum wir weder mit menschlichen Embryonen noch mit menschli-chen Leichen beliebig verfahren dürfen. Sie begründet zugleich, warum der durch diesen Begriff geforderte Schutz vor Instrumentalisierung begrenzt und gegen hochrangige konkurrierende Ziele abwägbar ist[92]." Seiner Meinung nach haben die gegenwärtigen Verwirrungen um den Begriff der Menschenwürde ihre Wurzeln darin, dass *nicht konsequent genug unterschieden wird zwischen dem starken Begriff und dem schwächeren Begriff,* der eine schwächere Form von Achtung fordert. Das führt dazu, dass entweder menschlichen Embryonen, Föten und Leichnamen überzogen starke Schutzrechte zugeschrieben werden oder durch die Rückübertragung der relativ schwächeren Schutzpflichten von Embry-onen, Föten und Leichnamen auf geborene lebende Menschen unabwägbare Rechte relativiert werden[93]. Embryonen, Föten und Leichname sind seiner Mei-nung nach kein reales Subjekt, dem das Lebensrecht zugeschrieben wird. Nur wenige der Inhalte des starken Menschenwürdebegriffs sind auf die Vor- und Reststadien des Menschenlebens sinnvoll übertragbar: Eine Unterlassung krasser Formen von fremdnütziger Instrumentalisierung ist[94].

Drittens formuliert er die Gattungswürde als die dritte Bedeutung der Begriff der Menschenwürde. Er nennt als Beispiel der Gattungswürde die mögliche Erzeu-gung von Mischwesen aus Mensch und Tier und das reproduktive Klonen. Hier

---

[88] Birnbacher, aaO, S. 254.
[89] Birnbacher, aaO, S. 258.
[90] Birnbacher, aaO, S. 267.
[91] Birnbacher, aaO, S. 261.
[92] Birnbacher, aaO, S. 268.
[93] Birnbacher, aaO, S. 259.
[94] Birnbacher, aaO, S. 262.

40

geht es um eine Beeinträchtigung der Identität und Eindeutigkeit der Gattung als Ganzes, eine Art »Reinheitsgebot« und eine Art »Widernatürlichkeit«[95]. Wieweit für diese Verwendung des Menschenwürdebegriffs ein normativer Gehalt begründet werden kann, ist allerdings fraglich[96].

Jörn Ipsen beschäftigt sich in seinem Aufsatz „Der verfassungsrechtliche Status des Embryos in vitro" besonders mit der Schutzpflicht des Gesetzgebers für den Embryo. Er geht zwar von dem Grundrechtscharakter der Menschenwürde aus, verneint aber die Grundrechtssubjektivität des Embryos *in vitro*. *Erstens* begründet er seine Behauptung (keine Grundrechtssubjektivität des Embryos) mit der Verbindung von Recht und Rechtssubjekt[97]. *Zweitens* stützt er seine Behauptung auf die Schwangerschaftsabbruchurteile des Bundesverfassungsgerichts. „Die entgegengesetzte Position – der Embryo verstanden nicht nur als *Schutzgut*, sondern als *Subjekt* der Menschenwürde – ist vom *BVerfG* weder im ersten noch im zweiten Abtreibungsurteil *expressis verbis* vertreten worden und hätte nur um den Preis eines evidenten inneren Widerspruchs vertreten werden können[98]." Reinhard Merkel betrachtet zwar Ipsens Meinung als schlüssig und in der Sache überzeugend, aber problematisiert sie, weil sie mit den beiden Urteilen des BVerfG nicht in Einklang zu bringen ist[99]. Besonders bestreitet Merkel Ipsens Behauptung, dass der Embryo wegen der vom BVerfG akzeptierten Abtreibungsregelung keinen grundrechtlichen Status haben kann[100]. Anders als Ipsens Meinung meint Merkel, dass die Schwangerschaftsabbruchurteile des Bundesverfassungsgerichts die evidenten Grundwidersprüche enthalten. *Drittens* begründet Ipsen seine Behauptung (keine Grundrechtssubjektivität des Embryos) mit dem Inhalt der Menschenwürde. Mit Hasso Hofmann versteht er die Menschenwürde als „sozialer Achtungsanspruch" (die Würde als Relations- oder Kommunikationsbegriff), die das Geborensein des Menschen voraussetzt[101].
Nachdem Ipsen seine Behauptung (keine Grundrechtssubjektivität des Embryos) mit drei Gründen belegt, behauptet er die Vorwirkung der Menschenwürde über die Schutzpflicht, die nicht subjektiven Rechten zu entsprechen braucht[102]. Er begründet seine Behauptung (die Vorwirkung der Menschenwürde über die

---

[95] Birnbacher, aaO, S. 263 f.
[96] Birnbacher, aaO, S. 264.
[97] Ipsen, Der „verfassungsrechtliche Status" des Embryos in vitro, JZ 2001, S. 991.
[98] Ipsen, aaO, S. 992.
[99] Merkel, Forschungsobjekt Embryo, 2002, S. 50 ff.
[100] Merkel, aaO, S. 53.
[101] Ipsen, aaO, S. 993.
[102] Ipsen, aaO, S. 993.

41

Schutzpflicht) mit dem Vergleich zu der Nachwirkung der Menschenwürde[103].
Schließlich formuliert er mit der Abwägung und der Wertungskonsistenz *die gesetzgeberische Schutzpflicht zwischen Über- und Untermaßverbot*[104].

Reinhard Merkel bezeichnet Ipsens Meinung als dritten Normtypus, nämlich die
Pflicht mit *nur* objektivrechtlicher Gewährleistung, die sich nicht auf Grundrechte beziehen, während Merkel Faßbenders Meinung kritisiert, dass die objektive
Schutzpflicht nach nahezu einhelliger Meinung „nur" über den *objektivrechtlichen* Gehalt der Grundrechte vermittelt wird[105]. Nach Merkel bezeichnet
grundrechtliche Drittwirkung immer die Wirkung der Grundrechte auf das Verhältnis zweier Grundrechtssubjekte[106]. Merkel unterscheidet zwischen der subjektivgrundrechtsbezogenen Schutzpflicht und der objektivrechtlichen Schutzpflicht. Die grundrechtsbezogene Schutzpflicht ist seiner Meinung nach auf die
schutzrechtliche Dimension der Grundrechte, gerichtet auf positives Handeln des
Staates bezogen[107], während die objektivrechtliche Schutzpflicht auf die Würde
des Menschen als Gattungswesen bezogen ist[108]. In Bezug auf die objektivrechtliche Schutzpflicht sieht er einen dritten Normtypus, der tatsächlich nur objektivrechtlicher Natur ist[109].
Er sieht die gegenwärtigen Verwirrungen um den Begriff der Menschenwürde
darin, dass nicht konsequent genug unterschieden wird zwischen der subjektivgrundrechtsbezogenen Schutzpflicht und der objektivrechtlichen Schutzpflicht[110].
Merkel schlägt vor, drei Prinzipien als primäre Quellen, gewissermaßen als die
Urgründe unserer normativen Verpflichtungen zu unterscheiden: Verletzungsverbot, Solidaritätspflicht und Prinzip des Normenschutzes[111]. Besonders bei der
Bestimmung des Status des Embryos *in vitro* ist die Unterscheidung zwischen
dem Verletzungsverbot und der Solidaritätspflicht wichtig. Seiner Meinung nach
kann man bei der verbrauchenden Embryonenforschung das Verletzungsverbot
nicht begründen, weil der Embryo *in vitro* keine subjektive Erlebensfähigkeit
hat[112]. Stattdessen schlägt er die Gattungssolidarität vor, weil Solidaritätspflich-

[103] Ipsen, aaO, S. 993.
[104] Ipsen, aaO, S. 993 f.
[105] Merkel, aaO, S. 47 f; Faßbender, Präimplatationsdiagnostik und Grundgesetz, NJW 2001, S. 2750 ff.
[106] Merkel, aaO, S. 49.
[107] Merkel, aaO, S. 39.
[108] Merkel, aaO, S. 40.
[109] Merkel, aaO, S. 39.
[110] Merkel, aaO, S. 42.
[111] Merkel, aaO, S. 142 ff.
[112] Merkel, aaO, S. 143.

ten anders als Verletzungsverbote eine aktuelle Erlebensfähigkeit nicht voraussetzen[113]. Wie die Meinung von Dieter Birnbacher betont er bei der Gattungssolidarität keine Pflicht »*gegenüber*«, sondern die Pflicht »*in Ansehung*«. Außerdem begründet er diese *schwache Pflicht aus Gattungssolidarität* mit der Verknüpfung von Spezies-, Potentialitäts- und Identitätsargument[114].

Wie die Meinung von Reinhard Merkel denke ich, dass der Embryo *in vitro* kein Seinwesen ist, das die starke Pflicht aus der absoluten Menschenwürde zugeschrieben ist, sondern ein Wesen, das der schwachen Solidaritätspflicht zugeschrieben ist. Aus der absoluten Menschenwürde leitet die starke Pflicht ab, die Menschenwürde nicht zu verletzen. Hier stellt sich die entscheidende Frage, *wie* man das Seinwesen findet, mit der starken Pflicht aus der absoluten Menschenwürde beschützt wird. Im Hinblick auf den „Sein-Sollen-Fehlschluss" vermeidet man die Antwort, aus dem Sein das Sollen abzuleiten, sondern sucht die Antwort, das Sein zu finden, in dem das Sollen begründet werden kann. Der Embryo *in vitro* ist kein Seinwesen, in dem das Sollen „Menschenwürde" begründet wird, sondern ein Seinwesen, in dem das Sollen „Gattungssolidaritätspflicht" begründet wird.

---

[113] Merkel, aaO, S. 143.
[114] Merkel, aaO, S. 184.

3. Kapitel
Das Argument der Menschenwürde als höchster Wert

In diesem Kapitel werde ich das Argument der Menschenwürde als höchsten Wert bei der Stammzellenforschung behandeln. Das Argument der Menschenwürde als höchster Wert ist ein Argument unter vielen Menschenwürdeargumenten, aber es spielt eine große Rolle bei der Diskussion über die Stammzellenforschung. Nach diesem Argument wird der Lebenswert des Embryos *in vitro* und ein bestimmtes Menschenbild als schon vorhandene Menschenwürde betrachtet. Hier analysiere ich den Charakter der Werte und frage, ob objektive Werte wirklich vorhanden sind, und welche Probleme das Argument der Menschenwürde als höchster Wert auf der Argumentationsebene haben. Zuerst werde ich die Meinung von Günter Dürig und Ulfrid Neumann betrachten.

I. Menschenwürde als etwas immer Vorhandenes (Günter Dürig)

Günter Dürig betont schon zu Beginn seines Aufsatzes „Der Grundrechtssatz von der Menschenwürde" die Menschenwürde als »etwas immer Vorhandenes[115]«: „»Die Würde des Menschen ist unantastbar« zeigt, ist dieser Eigenwert als etwas immer Seiendes, als etwas unverlierbar und unverzichtbar immer *Vorhandenes* gedacht, so dass von vornherein der Wertanspruch des Wertträgers *nicht* darauf gerichtet sein kann, ihm durch positives Tun diesen Wert zu *verschaffen*[116]." Nach Dürig ist die Menschenwürde nicht nur bereits vorhanden, sondern auch der absolute Anspruch[117]. „So ist die in Satz 2 außer der staatlichen Achtungspflicht anerkannte *Schutz*verpflichtung der staatlichen Gewalt nichts anderes als die Bestätigung dafür, dass die Menschenwürde einen *absoluten*, d.h. gegen alle möglichen Angreifer gerichteten Achtungsanspruch darstellt[118]."

Die Menschenwürde hat nach Dürig als „etwas immer Vorhandenes" folgende Merkmale. *Erstens* hat die Menschenwürde den normativen Anspruch, der von Zeit und Raum unabhängig ist. „Die *normative* Aussage des objektiven Verfassungsrechts, dass die Würde des Menschen unantastbar ist, beinhaltet eine Wertaussage, der ihrerseits aber eine Aussage über eine *Seins*gegebenheit zugrunde

---

[115] Dürig, Der Grundrechtssatz von der Menschenwürde, AöR 81 (1956), S. 117.
[116] Dürig, aaO, S. 117.
[117] Dürig, aaO, S. 118.
[118] Dürig, aaO, S. 118.

44

liegt. Diese Seinsgegebenheit, die unabhängig von Zeit und Raum „ist" und rechtlich verwirklicht werden „soll", besteht in folgendem: *Jeder Mensch ist Mensch kraft seines Geistes, der ihn abhebt von der unpersönlichen Natur und ihn aus eigener Entscheidung dazu befähigt, seiner selbst bewusst zu werden, sich selbst zu bestimmen und sich und die Umwelt zu gestalten*[119]."
Zweitens besteht der Wert der Menschenwürde nicht in der Verwirklichung beim konkreten Menschen, sondern in der Möglichkeit (Potentialität) der Verwirklichung. „Der *allgemein* menschliche Eigenwert der Würde kann somit von vornherein nicht in der jederzeitigen gleichen *Verwirklichung* beim konkreten Menschen bestehen, sondern in der gleichen abstrakten *Möglichkeit* (potentiellen Fähigkeit) zur Verwirklichung[120]." Im Einzelnen haben die Menschenwürde auch der Geisteskranke („wenn ein *konkreter* Mensch die Fähigkeit zur freien Selbst- und Lebensgestaltung *von vornherein nicht* hat"), der Verbrecher („wenn der konkrete Mensch die Möglichkeit der Freiheit zur Selbsterniedrigung *missbraucht*"), der sich einverstandene Mensch, z. B. der sich einverstandene Angeklagte, an sich „Wahrheitsdrogen" anwenden zu lassen, und der nasciturus, das Monstrum und der menschlichen Leichnam („weil der allgemein menschliche Eigenwert der Würde unabhängig von der Verwirklichung beim konkreten Menschen ist")[121]. „Wer von Menschen erzeugt wurde und wer Mensch war, nimmt an der Würde „des Menschen" teil[122]." Und der Angriff auf die Menschenwürde als solche braucht nicht im Angriff auf die Würde des konkreten Menschen selbst zu bestehen und es ist nicht entscheidend, ob das Opfer „leidet"[123].
Dürig formuliert die berühmte Objektformel: Die Menschenwürde als solche ist getroffen, wenn der konkrete Mensch zum Objekt, zu einem bloßen Mittel, zur vertretbaren Größe herabgewürdigt wird[124]. Man kann wissen, dass die Objektformel mit der Wertordnung des Grundgesetzes verbunden ist. „Aber die Beispiele werden deutlich machen, dass Art. 1 I viel wichtigere und dringendere Aufgaben hat, als den persönlichen Ehrenschutz über das Strafrecht hinaus zu erweitern oder Sitte und Anstand zu wahren. [...] Die Perversion der Wertordnung beginnt heimlich überall bereits dort, wo der Mensch als Rechtssubjekt entmachtet wird und etwa bei ganzen Güterkategorien (also systematisch) das „Ding", das „Es", die Materie zum „Rechtssubjekt" erhoben werden soll[125]." Er nennt die verschie-

---

[119] Dürig, aaO, S. 125.
[120] Dürig, aaO, S. 125.
[121] Dürig, aaO, S. 125 ff.
[122] Dürig, aaO, S. 126.
[123] Dürig, aaO, S. 127.
[124] Dürig, aaO, S. 127.
[125] Dürig, aaO, S. 127.

denen Beispiele der Objektformelverletzung, zu denen zum Beispiel die heterologe Insemination gehört. „Die heterologe Insemination (durch fremden Samenspender) verstößt ohne Zweifel gegen die Menschenwürde als solche. Durch eine Naturwidrigkeit als System werden das Kind zum „Retortenkind", zum „Homunkulus", und der Vater zu einer „vertretbaren Größe" degradiert[126]."

II. Die Struktur des Menschenwürdearguments (Ulfrid Neumann)

Ulfrid Neumann beschäftigt sich in seinen Aufsätzen über das Thema „Menschenwürde und Gentechnologie" hauptsächlich mit dem Menschenwürdeargument. Ihm geht es um die Frage, wie weit das Prinzip der Menschenwürde als verfassungsrechtlich normierter Grundsatz „tatsächlich" tragbar ist, aber vielmehr aus rechtstheoretischer Perspektive um Probleme der Struktur der Argumentation mit der Menschenwürde[127].

Er bezeichnet zu Beginn seines Aufsatzes „Die Tyrannei der Würde" den Charakter des Menschenwürdearguments als »deontologisches Argument«, das unter einem erheblichen Rechtfertigungsdruck steht[128]. *„Der Legitimationsdruck, der aus dem deontologischen Charakter des Menschenwürdearguments resultiert, erhöht sich durch den Anspruch auf Abwägungsfestigkeit und durch den extensiven Einsatz des Arguments in bestimmten Diskussionsbereichen. Aufgefangen wird dieser Druck von einem ontologischen Modell der Menschenwürde, das die Frage nach dem moralisch (im Rechtsbereich: rechtsethisch) Richtigen durch die nach der Struktur eines Vorgegebenen ersetzt*[129]." Außerdem betrachtet Neumann das Menschenwürdeargument als »Gewinnargument«, dessen Anspruch auf einen Kernbereich beschränkt wird[130].

Heutzutage sieht man die unkontrollierte Ausweitung des Prinzips der Menschenwürde im Bereich der Gentechnologie und der Reproduktionsmedizin. Neumann nennt als Gründe der unkontrollierten Ausweitung des Prinzips der Menschenwürde *die Unsicherheiten*, die im Bereich der Gentechnologie und der Reproduktionsmedizin bestehen[131], und *die Biologisierung der Menschenwür-*

---

[126] Dürig, aaO, S. 130.
[127] Neumann, Die „Würde des Menschen" in der Diskussion um Gentechnologie und Befruchtungstechnologien, in: Klug/Kriele (Hrsg.), Menschen- und Bürgerrechte, ARSP Beiheft 33, 1988, S. 140.
[128] Neumann, Die Tyrannei der Würde, ARSP 1998, S. 154.
[129] Neumann, aaO, S. 155 (Hervorhebung durch den Autor).
[130] Neumann, aaO, S. 154.
[131] Neumann, aaO, S. 155.

46

de[132]. *Einerseits* analysiert Neumann die Ausdehnung der Menschenwürde durch die Biologisierung der Menschenwürde. Er bezeichnet die Biologisierung der Menschenwürde als »einen naturalistischen Fehlschluss«[133], indem er einerseits die Normativierung biologischer Zusammenhänge, andererseits die Umdeutung des Menschenwürdeprinzips des Bundesverfassungsgerichts zu einer Garantie der biologischen Existenz des menschlichen Individuums betrachtet[134]. „Die Transformation des empirischen Kausalzusammenhangs in einen normativen Ableitungszusammenhang kennzeichnet die Argumentation des Bundesverfassungsgerichts als klassischen naturalistischen Fehlschluss. Entgegen der Rechtsprechung des Gerichts sind Würdegarantie und Lebensschutz zweierlei. Der Eingriff in das Rechtsgut „Leben" impliziert deshalb nicht zwingend eine Verletzung der Würde des Menschen[135]." Aus *rein* einem Sein kann man nicht ein Sollen ableiten. Ansonsten würde es sich um einen Sein-Sollen-Fehlschluss handeln, der den schon formlogisch unmöglichen Versuch unternimmt, aus bloßen Tatsachen, einem Sein: »etwas ist der Fall«, ein Sollen abzuleiten: »etwas soll der Fall sein«. Zweifellos kann man aus *rein* biologischen Eigenschaften nicht begründen, dass der Mensch eine unantastbare Würde hat. Er erwähnt auch die Probleme der normativen Verbindlichkeit des Natürlichen durch die religiöse Sichtweise und die teleologische Naturkonzeption[136]. *Andererseits* analysiert er den Schutz eines bestimmten Menschenbildes durch die Menschenwürde, die auf die Menschheit bezogen wird. „Sieht man als Träger der Menschenwürde das Individuum, so bezeichnet das Prinzip der Menschenwürde einen spezifischen Gesichtspunkt, unter dem der einzelne zu schützen ist; der konkrete Mensch wird in seiner Würde geschützt. Wird Menschenwürde demgegenüber auf die Menschheit bezogen, so wird tendenziell anstelle von Menschen ein bestimmtes Menschenbild geschützt[137]."

Seiner Meinung nach sind die Biologisierung der Menschenwürde und der Menschenbildschutz durch die Menschenwürde mit der Ontologisierung der Menschenwürde verbunden[138]. Er sieht die Formulierung des deutschen Grundgeset-

---

[132] Neumann, aaO, S. 156 ff.
[133] Neumann, aaO, S. 158; ders., Strafrechtlicher Schutz der Menschenwürde zu Beginn und am Ende des Lebens, in: Prittwitz/Manoledakis (Hrsg.), Strafrecht und Menschenwürde, 1998, S. 52.
[134] Neumann, Die Tyrannei der Würde, ARSP 1998, S. 158 f.
[135] Neumann, aaO, S. 159.
[136] Neumann, aaO, S. 158.
[137] Neumann, Strafrechtlicher Schutz der Menschenwürde zu Beginn und am Ende des Lebens, in: Prittwitz/Manoledakis (Hrsg.), Strafrecht und Menschenwürde, 1998, S. 55; ders., Die „Würde des Menschen" in der Diskussion um Gentechnologie und Befruchtungstechnologien, in: Klug/Kriele (Hrsg.), Menschen- und Bürgerrechte, ARSP Beiheft 33, 1988, S. 145.
[138] Neumann, Die Tyrannei der Würde, ARSP 1998, S. 162.

47

zes „Die Würde des Menschen *ist* unantastbar" als irreführend, weil Art. 1 Abs. 1 GG jedenfalls bei wörtlichem Verständnis nicht nur die Beeinträchtigung der Menschenwürde verbietet, sondern zugleich ihre Unantastbarkeit behauptet[139]. Nach der Ontologisierung der Menschenwürde enthält das Prinzip der Menschenwürde neben einer normativen auch eine kognitive, eine behauptende Komponente[140].

Neumann bezweifelt die Validität der Ableitung normativer Konsequenzen aus den kognitiven Elementen der Menschenwürde, indem er einen normativ aufgeladenen Seinsbegriff des theologischen und metaphysischen Ansatzes analysiert. Er analysiert den *kognitiven* Gehalt der Menschenwürde, unter dem man die Vernunft als die Fähigkeit versteht, sich an einsehbaren moralischen Normen zu orientieren[141]. Unter dem *normativen* Gehalt der Menschenwürde versteht er aber die Leistungsfähigkeit des metaphysischen Ansatzes bei der Begründung eines normativen Schutzes der Menschenwürde als problematisch. Denn die als metaphysische Qualität verstandene Menschenwürde kann durch Handlungen gegenüber dem empirischen Subjekt nicht beeinträchtigt werden. Er nennt als Beispiel die Toleranz christlicher Autoren gegenüber der Sklaverei[142]. „Der Ontologisierung der Menschenwürde korrespondiert eine Entnormativierung und damit ein Verlust an schützender Kraft. […] Die Argumentation, die hier an ihre Grenze geführt wird, eignet in der Tendenz jeder Konzeption, die Menschenwürde substantiell als Eigenschaft des Menschen interpretiert. Das gilt in besonderem Maße für die über die empirischen Eigenschaften des Menschen hinausgreifenden metaphysischen Modelle, *weil sie die Würde als transzendente Qualität von den realen Leiden des Menschen, von seinen empirischen Bedürfnissen und tatsächlichen Interessen ablösen*[143]." Er kritisiert die Argumentation, die sich auf die Theorie der objektiven Werte stützt. „Wenn man schon die Grundrechte verobjektiviert und in den Rang von Werten erhebt („Werttheorie"), dann ist der Höchstwert eben nicht das Leben, sondern die Menschenwürde; nur die Menschenwürde, nicht das Recht auf Leben ist abwägungsfest und uneinschränkbar. Die überwiegende Auffassung präsentiert deshalb eine andere, überraschende Lösung. Der Ermöglichung menschenwürdigen Sterbens durch aktive Sterbehilfe

---

[139] Neumann, Strafrechtlicher Schutz der Menschenwürde zu Beginn und am Ende des Lebens, in: Prittwitz/Manoledakis (Hrsg.), Strafrecht und Menschenwürde, 1998, S. 55.
[140] Neumann, Die Tyrannei der Würde, ARSP 1998, S. 163; ders., Strafrechtlicher Schutz der Menschenwürde zu Beginn und am Ende des Lebens, in: Prittwitz/Manoledakis (Hrsg.), Strafrecht und Menschenwürde, 1998, S. 55.
[141] Neumann, Die Tyrannei der Würde, ARSP 1998, S. 163 f.
[142] Neumann, aaO, S. 164 f.
[143] Neumann, aaO, S. 165 (Hervorhebung durch den Autor).

soll nicht nur der Höchstwert Leben, sondern auch – das Prinzip der Menschenwürde entgegenstehen. Die Zulassung aktiver Sterbehilfe, so die Argumentation,
drohe auch den Rechtswert „Würde des einzelnen" in Frage zu stellen[144]."

Nachdem er die Ontologisierung der Menschenwürde kritisch betrachtet hat,
schlägt er als Alternative zu einem ontologischen Modell, ein Modell vor, in dem
Menschenwürde relational verstanden wird[145]. Erst in diesem Modell kann die
Bedeutung des Verbots der Instrumentalisierung des Menschen richtig verstanden werden: „Die Würde des Menschen, verstanden als Recht auf menschenwür-
dige Behandlung, kann missachtet, aber nicht zerstört werden[146]." „Der logische
Ort der Menschenwürde und ihrer potentiellen Verletzung ist die personale, soziale, nicht aber die biologische Dimension des Menschen[147]." Der Schutzbereich
der Menschenwürde als relationsontologischer Würdebegriff bestimmt sich
durch die Dimension von *Demütigung und sozialer Missachtung*. Neumann sagt
dazu: „*Die Alternative zu einem ontologischen Modell ist eine Konzeption, in der
Menschenwürde nicht substantiell, sondern relational verstanden, nicht in der
Person, sondern in der Interaktion zwischen Personen lokalisiert wird. Die Garantie der Menschenwürde ist dann nicht als Anerkennung einer besonderen Eigenschaft des Menschen, sondern als gemeinschaftliches Versprechen zu sehen.
Ansatzpunkt für die Bestimmung des Schutzbereichs des normativen Prinzips der
Menschenwürde wäre nicht die Frage, worin diese Würde besteht, sondern die
ganz andere, wodurch Menschenwürde gedemütigt werden können, welche
Handlungen eine entwürdigende Behandlung anderer implizieren. Bezugspunkt
ist also die Verletzbarkeit des Menschen unter dem Gesichtspunkt der sozialen
Missachtung. [...] Die konkreten Verbote und Gebote, die dem Prinzip der Menschenwürde zugeordnet werden, sind in weit höherem Maße konsens- oder doch
jedenfalls begründungsfähig als generalisierende Definitionen der Menschenwürde[148]."*

---

[144] Neumann, Strafrechtlicher Schutz der Menschenwürde zu Beginn und am Ende des Lebens, in: Prittwitz/Manoledakis (Hrsg.), Strafrecht und Menschenwürde, 1998, S. 59.
[145] Neumann, Die Tyrannei der Würde, ARSP, 1998, S. 165 f.
[146] Neumann, aaO, S. 161.
[147] Neumann, aaO, S. 161.
[148] Neumann, aaO, S. 165 f (Hervorhebung durch den Autor).

III. Das Argument der Menschenwürde als höchster Wert

Nach Robert Alexy wird Menschenwürde teils als Prinzip und teils als Regel behandelt. Seiner Meinung nach kann das Prinzip der Menschenwürde zwecks Festlegung des Inhalts der Regel der Menschenwürde gegenüber anderen Prinzipien abgewogen werden. Seine Präferenzregel ist (Menschenwürde als Prinzip P andere Prinzipien) $C \rightarrow$ Menschenwürde als Regel. Die Präferenzrelation des Menschenwürdeprinzips zu gegenläufigen Prinzipien entscheidet über den Inhalt der Menschenwürderegel. Absolut ist nicht das Prinzip, sondern die Regel, die angesichts ihrer semantischen Offenheit bei keiner in Betracht kommenden Präferenzrelation einer Einschränkung bedarf (»Prinzipien als Optimierungsgebote« und »Regeln als definitive Gebote«)[149].

Aber das Prinzip der Menschenwürde ist nach der herrschenden Meinung *folgenindifferent*. Die schon determinierte Menschenwürde als höchster Wert wird also unabhängig von der konkreten Situation und ohne die Abwägungserwägung angewendet. Außerdem bringt das abwägungslose Menschenwürdeargument manchmal die aggressive Emotion mit sich, die die Argumentation noch schwieriger macht. Aber es ist im Kernbereich der Menschenwürde sogar nötig, diese aggressive Emotion hervorzurufen. Wo liegt die Dimension der Menschenwürde, absolute Geltung und aggressive Emotion braucht? Woher kommt absolute Geltung der Menschenwürde? Diese Fragen stehen meines Erachtens im direkten Zusammenhang mit der Frage, wie man mit der Analyse des Menschenwürdebegriffs das Menschenwürdeargument rationalisieren kann.

Ein Problem des Menschenwürdearguments liegt darin, dass der Begriff „Menschenwürde" bei der Argumentation untauglich ist, weil er zu abstrakt und allgemein ist, obwohl der Begriff bei der Argumentation eine inhaltliche Präzision haben muss. Ein solch abstrakter Begriff schließt inhaltliche Präzision aus. Wenn man sich über die Verletzung der Menschenwürde unterhält, argumentiert jeder auf seine Weise. In diesem Fall können wir nicht miteinander argumentieren. Dabei ist die Wahrscheinlichkeit sehr hoch, sich nicht an die Grundregel der Argumentation zu halten, nämlich dass verschiedene Sprecher den gleichen Ausdruck nicht mit verschiedenen Bedeutungen benutzen dürfen[150]. Deswegen muss man vor der Diskussion sein eigenes Verständnis der Menschenwürde darlegen, und das Verständnis des Sprechers über die Menschenwürde festhalten. Trotz dieser Bemühungen entsteht aber manchmal ein noch größeres Problem, weil der Sprecher absolute Geltung der Menschenwürde aus seiner interpretierten Men-

---

[149] Alexy, Theorie der Grundrechte, 1986, S. 71 ff.
[150] Alexy, Theorie der juristischen Argumentation, 1983, S. 235.

schenwürde behauptet. In diesem Fall wird die Argumentation unterbrochen, weil die auf eigene Weise absolut behauptete Menschenwürde der Argumentation nicht zugänglich ist.

In der gegenwärtigen Diskussion über die verbrauchende Embryonenforschung wird am häufigsten das Menschenwürdeargument verwendet, um deren Verbotswürdigkeit darzulegen[151]. Der Grund für das absolute Verbot der verbrauchenden menschlichen embryonalen Stammzellenforschung besteht nicht in der Lebensrechtsverletzung, sondern in der Verletzung der Menschenwürde. Es wird aber auch kein anderes Argument in der Embryonenforschung so stark kritisiert, um die Rechtmäßigkeit derselben darzustellen[152]. Dabei wird insbesondere die Unantastbarkeit der Menschenwürde von einigen Wissenschaftlern kritisiert[153]. Das bisher betrachtete zentrale Argument gegen die Embryonenforschung lässt sich formal etwa folgendermaßen darstellen:

Erste Prämisse: Jeder Mensch hat eine absolute menschliche Würde.

Zweite Prämisse: Ein Embryo *in vitro* ist ein Mensch.

Schlussfolgerung: Daher ist die Forschung mit dem Embryo *in vitro* absolut verboten.

---

[151] Für das Menschenwürdeargument Benda, Verständigungsversuche über die Würde des Menschen, NJW 2001, S. 2147 ff; »Die Würde des Embryos ist unbezweifelbar«, Gespräche mit Herta Däubler-Gmelin, in: Geyer (Hrsg.), Biopolitik, 2001, S. 121 ff; Höfling, Reprogenetik und Verfassungsrecht, 2001, S. 23 ff; Isensee, Der grundrechtliche Status des Embryos, in: Höffe/Honnefelder/Isensee/Kirchhof (Hrsg.), Gentechnik und Menschenwürde, 2002, S. 62 ff; Starck, Verfassungsrechtliche Grenzen der Biowissenschaft und Fortpflanzungsmedizin, JZ 2002, S. 1066 ff; Böckenförde, Menschenwürde als normatives Prinzip, JZ 2003, S. 812 f.

[152] Gegen das Menschenwürdeargument Birnbacher, Aussichten eines Klons, in: Ach/Brudermüller/Runtenberg (Hrsg.), Hello Dolly?, 1998, S. 60 ff; Dederer, Menschenwürde des Embryos in vitro?, AöR 2002, S. 4 ff; Horst Dreier, in: ders. (Hrsg.), Grundgesetz, Art. 1 Abs. 1, S. 108 ff; Gutmann, Auf der Suche nach einem Rechtsgut: Zur Strafbarkeit des Klonens von Menschen, in: Roxin/Schroth (Hrsg.), Medizinstrafrecht, 2001, S. 341 ff; Hilgendorf, Klonverbot und Menschenwürde – Vom Homo sapiens zum Homo xerox? Überlegung zu § 6 Embryonenschutzgesetz, in: FS für Maurer zum 70. Geburtstag, 2001, S. 1152 ff; Hofmann, Biotechnik, Gentherapie, Genmanipulation – Wissenschaft im rechtsfreien Raum?, JZ 1986, S. 258 f; Hörnle, Menschenwürde und Lebensschutz, ARSP 2003, S. 318 ff; Lerche, Verfassungsrechtliche Aspekte der Gentechnologie, in: Lukes (Hrsg.), Rechtsfragen der Gentechnologie, 1965, S. 109 ff; Rosenau, Reproduktives und therapeutisches Klonen, in: FS für Schreiber zum 70. Geburtstag, 2003, S. 778 ff; Schwarz, »therapeutisches Klonen« - ein Angriff auf Lebensrecht und Menschenwürde des Embryos?, KritV 2001, S. 199 ff; Sendler, Menschenwürde, PID und Schwangerschaft, NJW 2001, S. 2148 ff.

[153] Besonders für das Argument der Vorwirkung der Menschenwürde Ipsen, Der „verfassungsrechtliche Status" des Embryos in vitro, JZ 2001, S. 993 ff; Kloepfer, Humangentechnik als Verfassungsfrage, JZ 2002, S. 422 ff.

Die zweite Prämisse ist schwach, weil sie im weltanschaulich neutralen Staat ohne Rückgriff auf Glaubensinhalte bestimmt werden muss. Alternativ kann man folgendes formulieren:

Erste Prämisse: Jeder Mensch hat eine absolute menschliche Würde.

Zweite Prämisse: Ein Embryo *in vitro* gehört biologisch der Spezies Homo sapiens an.

/ Ein Embryo *in vitro* hat eine Identität mit dem geborenen Menschen, der später entstehen kann.

/ Ein Embryo *in vitro* befindet sich im kontinuierlichen Prozess.

/ Ein Embryo *in vitro* hat die Potentialität, Mensch zu werden.

Schlussfolgerung: Daher ist die Forschung mit dem Embryo *in vitro* absolut verboten.

Oder

Erste Prämisse: Jeder Mensch hat eine absolute menschliche Würde, weil er humantypisch Selbstachtung, Moralvermögen oder Vernunftbegabung besitzt.

Zweite Prämisse: Ein Embryo *in vitro* hat humantypisch Selbstachtung, Moralvermögen oder Vernunftbegabung.

Schlussfolgerung: Daher ist die Forschung mit dem Embryo *in vitro* absolut verboten.

In diesem Kapitel werde ich das Argument mit der Menschenwürde als höchsten Wert behandeln, was folgende Form hat:

Erste Prämisse: Der höchste Wert der Menschenwürde ist schon vorhanden und kann direkt erkannt werden.

Zweite Prämisse: Der Lebenswert des Embryos *in vitro* und das bestimmte Menschenbild gehören zum höchstem Wert der Menschenwürde.

Schlussfolgerung: Daher ist die Forschung mit dem Embryo *in vitro* absolut verboten.

Nach den nationalsozialistischen Verbrechen versuchte man, die Ordnung des Grundgesetzes nach dem Wert der Menschenwürde aufzustellen. Nachdem die Menschenwürde im Grundgesetz eingeführt wurde, liegt die Rolle des Bundesverfassungsgerichts im Prozess darin, die Ordnung des Grundgesetzes durch die Menschenwürde als höchsten Wert aufzustellen. Auf diese Weise versteht das Bundesverfassungsgericht die deutsche Rechtsordnung als »objektive Wertordnung«. *Seine Suche nach normativer Gewissheit* richtet sich auf die verfassungsrechtlich vorgegebene Wertordnung, um den Wertrelativismus der Weimarer Reichsverfassung und das Rechtsverständnis des Nationalsozialismus zu überwinden[154]. Unter diesen Zeitverhältnissen (*Naturrechtsrenaissance*[155]) sieht Güter Dürig die Menschenwürde als »objektiven Wert« und »absoluten Wert« in der Verfassungsordnung als Wertsystem an[156]. Wolfgang Graf Vitzthum sagt dazu: „Die Menschenwürde ist für *Günter Dürig* die oberste Bezugsgröße der Verfassung i. S. einer „Wertordnung". Dieser Ansatz ergibt sich für *Dürig* aus der doppelten Überlegung, *dass es (erkennbare und konsensfähige) „objektive Werte" gibt, und dass die normative Kraft der Verfassung nur in derartigen „objektiven Werten" begründet werden kann*[157]."

Ich werde nunmehr die Menschenwürde als Wertbegriff im Hinblick auf den Charakter der Werte und das Argument mit der Menschenwürde als Wertbegriff in Bezug auf die Verhinderung der rationalen Argumentation kritisch darstellen. Nach der objektiven Wertordnung ist die Menschenwürde als objektiver, absoluter Wert anerkannt und bei der Argumentation direkt benutzt worden. Das Argument mit der Menschenwürde als höchster Wert hat also den Charakter der Objektivität (Menschenwürde als höchster Wert) und der Absolutheit (der Anspruch absoluter Geltung). Aber wenn man auf den Charakter der Werte eingeht, kann man festhalten, dass die Werte keinen Charakter der Objektivität und Absolutheit, sondern den Charakter der Subjektivität und Relativität haben. Dabei erfährt man jedoch, dass das Argument, das auf die Menschenwürde als höchsten Wert beruft, den Charakter des Determinismus hat, und aber zur irrationalen Argumentation führt.

Unter den Prämissen, dass die Menschenwürde schon da ist und sie direkt erkannt werden kann (Menschenwürde als *das schon Vorhandene*), wird die Menschenwürdeverletzung durch die Erkennung der schon vorhandenen Menschenwürde bestimmt (Determinismus). Dieser Determinismus bedarf keiner Legitimation, daher keiner Argumentation[158]. Das Menschenwürdeargument als onto-

---

[154] Ausführlich dazu Horst Dreier, Dimension der Grundrechte, 1993, S. 10 ff.

[155] Kritisch dazu Neumann, Rechtsphilosophie in Deutschland seit 1945, in: Simon (Hrsg.), Rechtswissenschaft in der Bonner Republik, 1994, S. 145 ff.

[156] Dürig, Der Grundsatz von der Menschenwürde, AöR 81 (1956), S. 117.

[157] Vitzthum, Die Menschenwürde als Verfassungsbegriff, JZ 1985, S. 202 (Hervorhebung durch den Autor).

[158] Neumann, juristische Argumentationslehre, 1986, S. 2 ff; „Die Erkenntnis des Vorgegebenen bedarf keiner Legitimation; sie legitimiert sich qua Erkenntnis selbst." ders., Rechtsontologie und juristische Argumentation, 1979, Vorwort; Substanz-Ontologie ist die Philosophie des Seins. Sie beschäftigt sich mit der Was-Frage, nämlich die Frage, was vorhanden oder vorgegeben ist. Das Unterscheidungskriterium der Ontologie ist Sein/Nichtsein (Vorhanden/Nichtvorhanden). Sie ist die Philosophie der von der Zeit und dem Raum unabhängigen Geltung. Die Frage nach dem Richtigen wird mit der Struktur des Vorgegebenen beantwortet.

53

logisches Argument ist kein Argument durch Begründung, sondern nur die Scheinbegründung durch Stützung der Ontologie. In diesem Fall ist es nicht schwierig, die Menschenwürdeverletzung zu bestimmen, weil nur die Prämisse der Ontologie gebracht werden kann. Zum Beispiel beruft sich das Argument der christlichen Ethik bei der Sodomie auf die Ordnung Gottes, und bei der Abtreibung auf die Gottebenbildlichkeit (*Imago-Dei*). Auch wenn man das ontologische Argument behaupten kann, nach einer der Vernunftregeln der Argumentation, dass jeder jede Behauptung in den Diskurs einführen darf, gibt es Fälle, in denen eine andere der Vernunftregeln der Argumentation nicht eingehalten wird, dass jeder jede Behauptung problematisieren darf. Außerdem gibt es noch problematischere Fälle, in denen eine andere der Vernunftregeln der Argumentation nicht eingehalten wird, dass jeder, der sprechen kann, an Diskursen teilnehmen darf[159]. Momentan kann man dieses Phänomen im Bereich der Bioethik erkennen. Aber gilt das Argument der Menschenwürde als höchster Wert in der modernen Gesellschaft noch?

Die Kritik an der Meinung, dass die Menschenwürde als objektiven Wert angesehen wird, beginnt mit der Kritik an dem Wesen des objektiven Werts, weil die Werte keinen Charakter der Objektivität, sondern nur den Charakter der Subjektivität oder der Intersubjektivität haben.
Zunächst haben die Werte den Charakter der Subjektivität, weil jeder Wert der Wertung unterliegt. Nach der Wertung kann die Vorzugsrelation der Werte verändert werden[160]. „Das objektive Wertdenken geht zwar von einem »Erkennen« der Werte aus, aber dies ist ein Erkennen eigener Art und jedenfalls kein rationales Erkennen. Die Werte werden vom Subjekt erfasst in einer Art Wertschau und intentionalem Wertfühlen. Dabei handelt es sich, wie Max Scheler sagt, um (1) *irrationale*, d.h. von diskursiver Logik unabhängige, (2) *emotionale*, letztlich auf Sympathie und Antipathie gründende, und (3) *intuitive*, auf unmittelbare Anschauung beruhende, nicht denkend vermittelte Akte[161]."
Die Werte, die zwischen Menschen verbreitet werden, haben den Charakter der Intersubjektivität. Wir leben in der Gesellschaft, in der der Wertpluralismus anerkannt worden ist. Solch eine Gesellschaft zerfällt in verschiedene Gesellschaften, die verschiedene Werte haben. In dieser wertpluralistischen Gesellschaft gibt

---

[159] Über die Vernunftregeln der Argumentation Alexy, Theorie der juristischen Argumentation, 1986, S. 238 ff.
[160] Böckenförde, Zur Kritik der Wertbegründung des Rechts, in: ders., Recht, Freiheit, Staat, 1991, S. 78, 84.
[161] Böckenförde, aaO, S. 73.

es keine objektiven Werte, sondern nur universale Werte, die intersubjektiv anerkannt wurden und dadurch universale Geltung haben. Im Bereich der Werte kommt keine Universalität ohne Intersubjektivität. In diesem Sinne sind universale Werte die Werte, die von jedem anerkannt worden sind. Sie sind nicht etwas Objektives, das wirklich besteht, sondern entstehen aus der zwischenmenschlichen Relation. Deshalb sind sie kein Substanzbegriff, sondern ein Relationsbegriff.

Die Kritik an der Meinung, dass die Menschenwürde als objektiven Wert angesehen wird, erhöht sich mit der Absolutheit der Menschenwürde als objektivem Wert. Die Kritik an der Meinung, dass die Menschenwürde als absoluten Wert angesehen wird, beginnt mit der Kritik an dem Wesen des absoluten Werts, weil die Werte keinen Charakter der Absolutheit, sondern nur den Charakter der Relativität haben. Die Werte sind situationsabhängig und von der Vorzugsrelation abhängig. Die Wertordnung kann sich dem Zeitalter und der Situation nach ändern. Deswegen passen die Absolutheit der Menschenwürde als höchster Wert und die Relativität der Werte nicht zueinander.

Die Kritik an der Menschenwürde als objektivem, absolutem Wert gilt beim Menschenwürdeargument bei der Stammzellenforschung. Viele vertreten die Auffassung der Heiligkeit des menschlichen Lebens durch die Menschenwürde. Dem Leben des Embryos *in vitro* wird die Menschenwürde zugeschrieben, weil das Leben des Embryos *in vitro* und die Menschenwürde gleich als objektiver, absoluter Wert begriffen und erkannt werden. Außerdem ist das Menschenwürdeargument den Gegnern der Stammzellenforschung noch attraktiver als das Lebensrechtsargument, weil das Menschenwürdeargument den Anspruch der absoluten Geltung hat, während das Lebensrechtsargument nur den Anspruch der relativen Geltung hat. Versteht man die Menschenwürde als objektiven, absoluten Wert, wird das Leben des Embryos *in vitro* als objektiver, absoluter Wert, also als Wert der Menschenwürde begriffen und erkannt. Hier wird die Menschenwürde als »Spezieswürde« oder »Menschheitswürde« begriffen. Wie kann man den Wert des Lebens des Embryos *in vitro* objektiv erkennen? Wie oben gesagt, ist das objektive Wertdenken kein rationales Erkennen, sondern manchmal das irrationale (auch emotionale und intuitive) Erkennen, weil der Wert des Lebens des Embryos *in vitro* kein vorgegebener Wert ist, obwohl er der Wertung der wertenden Menschen nicht unterliegt. Dadurch wird der Meinungsunterschied zwischen den Gegnern und den Befürwortern der Stammzellenforschung deutlich. Sieht man die Menschenwürde als objektiven, absoluten Wert an, hat der

Wert des Lebens des Embryos *in vitro* absolute Geltung und die verbrauchende menschliche embryonale Stammzellenforschung ist danach absolut verboten. Aber wie oben gesagt, resultiert absolute Geltung nicht aus dem absoluten Wert, weil die Werte keinen Charakter der Absolutheit, sondern nur den Charakter der Relativität haben.

Indem das Argument mit der Menschenwürde als höchster Wert verwendet wird, bringt es einige Probleme bei der Dimension der Argumentationslehre heraus. Eigentlich ist das Menschenwürdeargument als solches bei der Argumentation nicht tauglich, weil der Allsatz $^\wedge$x (Mx $\rightarrow$ Fx) den singulären Satz Ma $\rightarrow$ Fa nicht begründet, sondern ihn behauptet[162]. Das Argument, das der Allsatz $^\wedge$x (Mx $\rightarrow$ Fx) enthält, ist keine Begründung, sondern die Behauptung, die die Begründung unbedingt braucht. Um die Menschenwürdeverletzung glaubhaft zu behaupten, benötigt man eine Begründung als Stütze. Der Mangel der Begründung vergrößert sich weiter mit seiner Inflation. Das inflationäre Menschenwürdeargument führt manchmal zu weiteren Argumentationsmängeln, und danach zur falschen Lösung.

Erstens wird die rationale Argumentation über die Menschenwürdeverletzung verhindert, indem die Menschenwürde als objektiven Wert angesehen wird. Wer sich auf die Menschenwürde beruft, ist einer weiteren Begründung offenbar enthoben. Außerdem benötigt man für die Erklärung des objektiven Werts keine wirkliche Argumentation, sondern nur eine scheinbare Argumentation. Die Verwendung des Menschenwürdearguments hat demnach eine Vernebelungsfunktion[163]. Robert Alexy hat die Verhinderung der rationalen Argumentation von den Werten folgendes zusammengefasst: „Ernster zu nehmen sind die methodologischen Einwände. Dem Bundesverfassungsgericht wird vorgeworfen, dass es mit seiner Bezugnahme auf Werte und eine Wertordnung die Postulate rationaler Begründung unterlaufe. Unter Rückgriff auf den Begriff der Wertordnung könne jedes Ergebnis gerechtfertigt werden, die Rede von Werten zerstöre die Transparenz richterlichen Entscheidens und führe zu einem »Arcanum der Verfassungsinterpretation«. Anderweit getroffene Kollisions- und Abwägungsentscheidungen würden verdeckt, mit einem »rationalen Schein« versehen und der »wirklichen Begründung enthoben« werden. »Praktisch gesehen« sei die Berufung auf

---

[162] Neumann, Juristische Argumentationslehre, 1986, S. 19.
[163] Prittwitz, Schutz der Menschenwürde – durch das Strafrecht oder vor dem Strafrecht?, in: Prittwitz/Manoledakis (Hrsg.), Strafrecht und Menschenwürde, 1998, S. 25.

56

eine Wertordnung und Wertabwägungen eine »Verhüllungsformel für richterlichen bzw. interpretatorischen Dezisionismus«[164]."
Zweitens wird die rationale Argumentation der Menschenwürdeverletzung eher
gemindert, wenn die Menschenwürde als absoluter Wert angesehen wird. Das
erklärt den Charakter des Menschenwürdearguments als »Totschlagargument«.
Die Verwendung des Menschenwürdearguments hat eine Verstärkungsfunktion
und das Menschwürdeargument hat ein beachtliches Potential als Totschlagargument (gegen das man sich als Diskussionspartner nicht mehr wehren kann)[165].
Als Totschlagargument überspielt das Menschenwürdeargument ausnahmslos alle anderen Argumente. Darüber hinaus erhöht sich die Wahrscheinlichkeit, dass
auf andere Begründungen verzichtet wird und eine Flucht in das Menschenwürdeargument entsteht. Das Argument ist die Behauptung mit der Begründung, und
es spielt seine gewisse Rolle im Argumentationsdiskurs. Durch die Flucht in das
Menschenwürdeargument wird die Argumentation um die Menschenwürdeverletzung herum gestoppt. Aus seinem Vorteil, dass man ohne eine Argumentation
leicht bei der Argumentation gewinnen kann, entsteht die Inflation des Mensch-
würdearguments, die zur Sperre des Argumentationsdiskurses und zum Verlust
des Menschenwürdearguments als solches führt. *Die Struktur des Menschenwürdearguments braucht aber keine zu starke erste Prämisse, sondern die starken
Stützungen*[166].

---

[164] Alexy, Theorie der Grundrechte, 1986, S. 138. Das Argument mit der Menschenwürde als objektiver Wert ist fast wie der juristische Determinismus. Über den juristischen Determinismus Neumann,
Juristische Argumentationslehre, 1986, S. 2 f.
[165] Prittwitz, Schutz der Menschenwürde – durch das Strafrecht oder vor dem Strafrecht?, in: Pritt-
witz/Manoledakis (Hrsg.), Strafrecht und Menschenwürde, 1998, S. 25.
[166] Toulmin entwickelt das Schema einer Argumentation, mit dem die Struktur von Argumentation
erhellt wird. Nach seiner Argumentationsstruktur muss man zwischen der zu begründenden Konklusion, dem begründeten Datum, der Schlussregel, die den Übergang vom Datum zu der Konklusion erlaubt, und der Begründung (Stützung) dieser Schlussregel unterscheiden. Toulmin, Gebrauch von
Argumenten, 1975, S. 88 ff; Neumann, Juristische Argumentationslehre, 1986, S. 21 ff. „Diese Rekonstruktion wird der „wirklichen" Struktur der Argumentation schon deshalb eher gerecht als das
Schema des Syllogismus, weil sie echte, d.h. nichttriviale argumentative Übergänge enthält, während
das Syllogismus-Modell das Reden in Trivialitäten zum Maßstab vernünftigen Argumentierens erhebt: Sowohl der Schritt von Datum zur Konklusion als auch der von der Stützung zur Schlussregel
enthält einen inhaltlichen Übergang (aaO, S. 22)." „Der entscheidende Vorteil des TOULMIN-
Modells aber dürfte sein, dass es die Informationen ausweist, die tatsächlich zur Verfügung stehen
und die Konklusion letztlich tragen sollen. Sowohl Datum als auch Stützung beinhalten derartige Informationen, während die Schlussregel keine Information ausdrückt, sondern eine Garantie, die den
Schritt vom Datum zur Konklusion absichert (vgl. TOULMIN 1975, S. 103) (aaO, S. 23)."

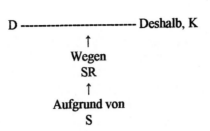

D ----------------------- Deshalb, K
↑
Wegen
SR
↑
Aufgrund von
S

Manchmal macht das Menschenwürdeargument die Argumentation nicht deutlicher, sondern noch undeutlicher. Am Beispiel der Schwangerschaftsabbruchurteile verdunkelt das Menschenwürdeargument die Argumentation über den Schwangerschaftsabbruch. Bei den Schwangerschaftsabbruchurteilen wäre nicht mit der Menschenwürde des Embryos, sondern mit dem Lebensrecht des Embryos argumentiert worden[167]. Bei der verbrauchenden menschlichen embryonalen Stammzellenforschung macht das Menschenwürdeargument die Argumentation noch undeutlicher. Indem das Leben des Embryos *in vitro* als objektiver, absoluter Wert verletzt wird, wird die Menschenwürdeverletzung behauptet. Es muss also diskutiert werden, ob der Embryo *in vitro* das Lebensrecht hat, um das Tötungsverbot zu begründen. Die Behauptung der Verletzung der Menschenwürde als objektiver, absoluter Wert schlägt die Argumentation über diese Frage tot. Während man sich auf die Menschenwürde des Embryos *in vitro* konzentriert, läuft die Argumentation über die verbrauchende menschliche embryonale Stammzellenforschung nicht weiter.

Außerdem ist die Anwendung der Objektformel („Die Menschenwürde als solche ist betroffen, wenn der konkrete Mensch zum Objekt, zu einem bloßen Mittel, zur vertretbaren Größe herabgewürdigt wird[168].") bei der Stammzellenforschung manchmal die *Schein*begründung der Menschenwürdeverletzung. Wie man dem Peepshowurteil entnehmen kann, wird die Objektformel innerhalb der Wertordnung des Grundgesetzes und unter dem Urteil der Menschenwürde als höchsten Wert interpretiert[169]. Auf diese Weise fordert sich bei der Interpretation der Objektformel das Werturteil der Menschenwürde als objektiver, absoluter Wert, und dadurch setzt die Objektformel als Kriterium wieder den Wert der

[167] Siehe dazu oben 1. Kapitel, II.
[168] Dürig, Der Grundsatz von der Menschenwürde, AöR 81 (1956), S. 127.
[169] BVerwG, Urt. V. 15. 12. 1981 = NJW 1982, S. 665. Zur Kritik an diesem Urteil Olshausen, Menschenwürde im Grundgesetz: Wertabsolutismus oder Selbstbestimmung?, NJW 1982, S. 2221 ff; Hoerster, Zur Bedeutung des Prinzips der Menschenwürde, JuS 1983, S. 95 ff.

Menschenwürde. Also spielt die Objektformel die Rolle als Scheinbegründung, indem sie die Verletzung der Menschenwürde als objektiver, absoluter Wert bestätigt. In der absoluten Geltung der Menschenwürde als höchster Wert liegt die Gefahr der Vernachlässigung der Selbstbestimmung des freien Individuums[170]. Aber die soziale Bedeutung der Handlung ist bei der Anwendung der Objektformel das maßgebliche Kriterium[171], deshalb muss sie beschränkt angewendet werden. Der Begriff »Instrumentalisierung« ist ein sozialer Begriff, dessen Dimension eine soziale Bedeutung hat. Wenn man versucht, die Menschenwürde in der Beziehung zu suchen, die nicht monologisch ist, vielmehr nicht-monologisch ist, wird diese soziale Bedeutung der Handlung noch wichtiger.

Die Menschenwürde als objektiver, absoluter Wert ist meines Erachtens nicht vorhanden und sie kann nicht direkt erkannt werden. Unter diesen Umständen hat das Menschwürdeargument durch die Menschenwürde als objektiven, absoluten Wert die Struktur des einseitigen Arguments. Um das Menschenwürdeargument begründbar zu machen, und um die Inflation des Menschenwürdearguments zu vermeiden, muss auf die Begründung der Menschenwürde durch objektiven Wert verzichtet werden und die Menschenwürdeverletzung durch die Dimension von Demütigung und sozialer Mißachtung konstituiert werden[172]. Deswegen versucht man als Alternative zur Menschenwürde als substanzontologischem Würdebegriff die Menschenwürde als relationsontologischen Würdebegriff zu betrachten. Nach der Menschenwürde als relationsontologischem Würdebegriff liegt die Menschenwürde in der zwischenmenschlichen Relation. Dabei sind vor allem die Kriterien der Menschenwürdeverletzung wichtig.

Die Menschenwürde hat meines Erachtens zwei Seiten: eine »interpretierte Seite« und eine »nicht interpretierte Seite«. Die Menschenwürdetheorie muss sich weiter bemühen, die abstrakte Menschenwürde noch eingehender zu erklären, während die Argumentationslehre die Situation der Menschenwürdeverletzung vertiefen muss. Vor allem muss die Menschenwürdelehre die Argumentationsergebnisse über die Menschenwürdeverletzung berücksichtigen, weil sie den interpretierten Teil der Menschenwürde darstellen. Es gibt viele Versuche, die Menschenwürde zu interpretieren (Mitgifttheorie, Leistungstheorie *etc.*). Aber diese Versuche können nur dazu beitragen, die Menschenwürde auf eigene Weise zu interpretieren. Allerdings können diese Versuche auch dazu beitragen, ein neues angemessenes Kriterium der Menschenwürde anzubieten. Ansonsten muss sich

---

[170] Hufen, Erosion der Menschenwürde?, JZ 2004, S. 315.
[171] Neumann, Die Tyrannei der Würde, ARSP 1998, S. 160.
[172] Neumann, aaO, S. 166.

die Menschenwürdetheorie mit dem Zusammenhang der Argumentationsergebnisse über die Menschenwürdeverletzung mit der Rahmenbestimmung der abstrakten Menschenwürde befassen.

In diesem Sinne schlägt Hasso Hofmann drei Grundsätze vor, über die zwischen den verschiedenen Auffassungen als Inhalt der Menschenwürde weitgehende Einigkeit besteht:

„1. Art 1. Abs. 1 GG garantiert die prinzipielle rechtliche Gleichheit aller Menschen. Er verbietet daher jede Art systematischer Diskriminierung oder Demütigung.

2. Das Menschenwürdeprinzip verlangt die Wahrung der menschlichen Subjektivität, und d.h. insbesondere: Schutz der körperlichen und seelischen Identität und Integrität. Daraus folgt nicht nur das Verbot von Folterungen, Misshandlungen, Erniedrigungen und Körperstrafen, sondern auch das Verbot der Brechung subjektiver Identität oder deren Auflösung durch sog. Wahrheitsseren, Lügendetektoren usw., sowie das Gebot des Schutzes menschlicher Intimität.

3. Art 1. Abs. 1 GG gebietet die Sicherung einer menschenwürdigen Existenz für jeden, z.B. auch unter Haftbedingungen. Darüber hinaus garantiert Art. 1 GG in jedem Fall das materielle Existenzminimum[173]."

Die Argumentation über die Menschenwürdeverletzung kann in der konkreten Situation noch konkreter werden, indem die Argumentation von drei Kriterien von der Menschenwürde aus gestartet wird. Diese drei Kriterien sind die Inhalte der Menschenwürde vor der konkreten Situation als Konkretisierung vor der Argumentation. Wenn das Kriterium der Menschenwürdeverletzung nicht angemessen ist, kann die Argumentation nicht angemessen sein. Ohne das angemessene Kriterium der Menschenwürdeverletzung geht die Kraft der Argumentation verloren. Um die Argumentation in die richtige Richtung zu führen, ist es notwendig, die Kriterien der Menschenwürdeverletzung, also den Ausgangspunkt der Argumentation zu konkretisieren. Erst mit der Argumentation im rationalen Diskurs kann die konkretisierte Menschenwürde konstituiert werden. Bei der konkreten Argumentation bildet sie sich mit den anerkannten Inhalten der Menschenwürde. Diese durch die Argumentation konstituierte Menschenwürde for-

---

[173] Hofmann, Die versprochene Menschenwürde, AöR 118 (1993), S. 363; Arthur Kaufmann, Rechtsphilosophische Reflexion über Biotechnologie und Bioethik an der Schwelle zum dritten Jahrhundert, in: ders., Über Gerechtigkeit, 1993, S. 393. „Wohl gibt es gewisse Grundvorstellungen von Menschenwürde, die fast allgemein konsentiert sind: das Demütigungsverbot (das bei der Herstellung von Mensch-Tier-Hybriden und –Chimären wohl als verletzt angesehen werden muss), die Garantierung eines Mindestindividualitätsschutzes (der beim Klonen von Menschen, sofern man es könnte, nicht mehr gegeben wäre) und die Gewährleistung einer menschengerechten Existenzgrundlage."

muliert wieder die Rahmenbestimmung der Argumentation über die Menschenwürdeverletzung, und die konkrete Menschenwürde formuliert sich wieder mit
ihrer Hilfe bei der konkreten Situation. Auf diese Weise konkretisiert sich die
Menschenwürde, die sich in der zwischenmenschlichen Relation befindet.

4. Kapitel
Menschenwürde als Resultat der wechselseitigen Anerkennung

In diesem Kapitel werde ich *meine* Auffassung über die Menschenwürde darlegen. Dabei verstehe ich die Menschenwürde nicht als Substanzbegriff, sondern als Relationsbegriff, und noch weiter gehend die Menschenwürde nicht als das Vorhandene, sondern als das Konstituierte. Man kann die Menschenwürde konstituieren, indem man die Verletzung der Menschenwürde wechselseitig anerkennt. Wenn man eine geeignete Methode findet, mit der die Menschenwürdeverletzung wechselseitig anerkannt werden kann, kann man die These der konstituierten Menschenwürde plausibel machen. In dieser Studie werden wichtige Menschenrechte, die mit grundsätzlichen Interessen (Bedürfnissen) verbunden sind, als Kriterien der konstituierten Menschenwürde vorgeschlagen.

I. Menschenwürde als Relationsbegriff
(Werner Maihofer, Hasso Hofmann)

Zuerst werde ich die Meinungen von Werner Maihofer und Hasso Hoffman betrachten. Werner Maihofer interpretiert in seinem Buch „Rechtstaat und menschliche Würde" die Menschenwürde aus *den Erhaltungs- und Entfaltungsbedingungen des Menschseins, des Selbstseins und des Allseins*. Er hat versucht, die »nicht interpretierte These« (Theodor Heuss) Menschenwürde zu interpretieren. Er nennt seinen Versuch einen Beitrag zur Interpretation dieser „nicht interpretierten These". Als Ausgangspunkt sieht er *Werte als Relationsbegriff*: „Sieht man, entgegen der traditionellen Metaphysik, die Werte nicht als objektive außermenschliche Gegebenheiten, sondern als intersubjektive menschliche Bedingungen: als Gesichtspunkte von Erhaltungs- und Entfaltungs-Bedingungen des Menschen in seinem Sein in der Welt des Menschen, dann muss der Wert der Menschenwürde in eben dieser Weise des Seins des Menschen in der Welt seinen ontologisch-anthropologischen Grund haben[174]." Er sieht *die Imago-Dei-Lehre* nach Thomas von Aquin und *die Autonomie-Lehre* seit Immanuel Kant als Gattungsmetaphysik und Gattungsethik, die nicht mehr nachvollziehbar sind. Und er kritisiert die beiden Lehren, weil sie das Wesen des Menschen und entsprechend auch die Würde des Menschen für alle Menschen als etwas Gleiches sehen.

---

[174] Maihofer, Rechtsstaat und menschliche Würde, 1968, S. 26.

62

Er schlägt vor, das Sein des Menschen *im Verhältnis zum Menschen* zu sehen, und stellt das Ganze des Menschlichen als einen Zusammenhang verschiedener Aspekte und Dimensionen dar. Seiner Meinung nach muss eine Interpretation des Begriffs der Menschenwürde zugleich aus den Erhaltungs- und Entfaltungsbedingungen des Menschseins, des Selbstseins und des Alsseins erfolgen[175]. Aus dieser Sicht schlägt er vor, dass die Gewährleistung der menschlichen Würde auf ein prinzipiell Gleiches gehen muss, wo es sich um die Erhaltungs- und Entfaltungsbedingungen des Menschseins überhaupt handelt, auf ein prinzipiell Ungleiches dagegen, wo die des Selbstseins im Spiele sind, auf ein prinzipiell bald Ungleiches bald Gleiches, wo das Alssein des Menschen in Frage steht. Das Menschliche kann weder einseitig mit dem Menschenbild des *Idealismus* aus der *Humanität des Menschseins*, noch mit dem des *Existenzialismus* aus der *Singularität des Selbstseins*, noch mit dem ebenso einseitigen Menschenbild des vulgären *Materialismus* aus der *Sozialität des Alsseins* überhaupt begriffen werden[176]. Er nennt bei Immanuel Kant die ausschließlich aus der *Humanität* des Menschen gedachte Wesensbestimmung des Menschen, bei Jean-Paul Sartre die einseitig auf die *Singularität* des Menschen bezogene Wesensbestimmung des Menschen, bei Karl Marx die einseitig auf die *Sozialität* des Menschen bezogene Wesensbestimmung des Menschen.

Hasso Hofmann schlägt in seinem Aufsatz „Die versprochene Menschenwürde" die Menschenwürde als *Relations- oder Kommunikationsbegriff* vor. In merkwürdigem Kontrast zu der ganz besonderen Hochschätzung (oberster Wert, höchster Rechtswert, oberstes Konstitutionsprinzip, das unverfügbare oberste Prinzip der neuen Ordnung und Legitimationsgrundlage) stellt er zuerst eine Frage über die höchste Unklarheit, worin die Menschenwürde eigentlich gründet, die nach Art. 1 Abs. 1 Satz 1 GG „unantastbar" ist, d.h. nicht verletzt werden darf. Er betrachtet deswegen die Strategie der *Minimierung* und der strikten *Historisierung* des Art. 1. GG als eine nicht schlechteste Lösung dieses Problems[177]. Er beschäftigt sich vor allem mit der Mitgifttheorie, Leistungstheorie und seiner kommunikative Interpretation der Menschenwürde[178].
Erstens geht er auf die Mitgiftstheorie ein, nach der die Würde des Menschen als eine besondere Qualität oder Eigenschaft des Individuums zu erweisen, die die-

---

[175] Maihofer, aaO, S. 47 ff.
[176] Maihofer, aaO, S. 51.
[177] Hofmann, Die versprochene Menschenwürde, AöR 118 (1993), S. 356.
[178] Ausführlich zur Mitgifttheorie (Christentum und Kant), Leistungstheorie und kommunikative Interpretation der Menschenwürde Antoine, Aktive Sterbehilfe in der Grundrechtsordnung, 2004, S. 90 ff.

sem von seinem Schöpfer oder von der Natur mitgegeben ist[179]. „Allerdings droht dabei auch eine biologistisch-kurzschlüssige Gleichsetzung von Würde und Leben. Zudem wird hier eine spezifisch religiöse Anschauung vorausgesetzt, die in der heutigen verweltlichten Gesellschaft alles andere als selbstverständlich ist und für das Recht des säkularen Staates nicht ohne weiteres zur Richtschnur genommen werden kann. Die stärker auf die Vernunftnatur des Menschen und seine sittliche Autonomie abhebende Auffassung begegnet dem Einwand, dass der Schluss von der Vernunft auf die Würde ohne idealistische Überhöhung des menschlichen Vernunftvermögens keineswegs zwingend ist[180]."

Zweitens geht er auf die Leistungstheorie ein, nach der der Mensch die Würde aus eigenem selbstbestimmten Verhalten durch gelungene Identitätsbildung gewinnt[181]. „Erst recht zeigt die *Leistungstheorie* der geglückten Identitätsbildung auf dem Felde menschlicher Abnormitäten ihre größte Schwäche. Andererseits hat die Theorie menschlicher Würde durch selbstbestimmtes Verhalten ihren Vorzug darin, dass sie den Zusammenhang der Menschenwürde mit den anderen Grundentscheidungen des Grundgesetzes klar hervortreten lässt, welche – wie das Rechts- und Sozialstaatsprinzip und die Freiheits- und Gleichheitsrechte – subjektive menschliche Identitätsbildung ermöglichen und sichern. Außerdem ist diese Theorie in höherem Maße als die Mitgifttheorien – wenn auch keineswegs gänzlich – frei von „alteuropäischen" metaphysischen Voraussetzungen. Sie schützt den Bürger einer pluralistischen Gesellschaft daher vor der Aufoktroyierung von Menschenbildern und Würdekonzeptionen, sie bewahrt den Staat der Meinungs- und Glaubensfreiheit vor der Identifikation mit einer bestimmten philosophischen Theorie oder konfessionellen Lehre. Schließlich liegt hier ein guter Ansatz für Fortentwicklungen, wie etwa Lehre und Judikatur zum Recht auf die sog. informationelle Selbstbestimmung zeigen[182]."

Nachdem er sich hauptsächlich mit der Mitgifttheorie und Leistungstheorie beschäftigt hat, schlägt er das Konzept der Menschenwürde als mitmenschlichen Relationsbegriff vor. „Gleichwohl besteht zwischen diesen juristischen Mitgift- und Leistungstheorien kein fundamentaler Gegensatz. Denn sie beruhen letztlich beide auf dem Prinzip der Personhaftigkeit des Menschen, der Subjektivität des Individuums und d.h.: auf dem Prinzip der Autonomie des einzelnen,

---

[179] Hofmann, aaO, S. 357.
[180] Hofmann, aaO, S. 361.
[181] Hofmann, aaO, S. 358. Luhmann, Grundrechte als Institution, 1965, S. 53 ff.
[182] Hofmann, aaO, S. 362 f.

64

[...][183]." „[...] Der Kern aller Unzulänglichkeiten liegt allerdings wohl genau dort, wo auch die Überzeugungskraft der Menschenwürdeidee ihre Wurzel hat: nämlich in dem aus der europäischen Subjektivität des Individuums. Damit hängt aufs engste zusammen, dass Würde überwiegend als eine Qualität, als eine „Seinsgegebenheit", nämlich eine Qualität oder Eigenschaft des Individuums, zumindest aber als eine Leistung des einzelnen gedacht wird. Würde konstituiert sich indes – dies die Gegenthese – in sozialer Anerkennung, durch positive Bewertung von sozialen Achtungsansprüchen. Jedenfalls im Rechtssinne ist Würde demnach kein Substanz, Qualitäts- oder Leistungs-, sondern ein Relations- oder Kommunikationsbegriff. Würde muss als eine Kategorie der Mitmenschlichkeit des Individuums begriffen werden. Auch das ist freilich kein ganz neuer Gedanke. Schon einer unserer weniger bekannten Klassiker hat ähnlich gedacht: Samuel Pufendorf, der Brandenburgische Hofhistoriograph und große Theoretiker menschlicher Sozialität. Schutzgut des Art. 1 Abs. 1 GG ist mithin nicht so sehr eine bestimmte Eigenschaft oder Leistung des Individuums als im Kern die mitmenschliche Solidarität. Folglich kann Menschenwürde nicht losgelöst von einer konkreten Anerkennungsgemeinschaft gedacht werden[184]."

Auch andere Wissenschaftler betrachten die Menschenwürde als Relationsbegriff. „Der logische Ort der Menschenwürde und ihrer potentiellen Verletzung ist die personale, soziale, nicht aber die biologische Dimension des Menschen[185]." „Die Verpflichtung, die Würde des Menschen „zu achten", richtet sich auf das Subjekt zwischenmenschlicher Beziehungen. Dieser Zusammenhang von Schutz und Achtungsanspruch kann auf die verfassungsrechtliche Stellung menschlichen Lebens in seinen frühesten Entwicklungsstadien nicht ohne Einfluss bleiben. In einer Phase, in der zwischenmenschliche Beziehungen konkret noch gar nicht vorstellbar sind, ist bei der Ableitung verfassungsrechtlicher Verbote zum Schutz menschlicher Existenz und ihrer Entwicklungschancen aus Art. 1 Abs. 1 GG größte Zurückhaltung angezeigt[186]."

II. Wechselseitige Anerkennung der Menschenwürdeverletzung

Für die Verbindlichkeit mit der Menschenwürde muss ihre Geltung auf das Kriterium »Universalisierbarkeit« hin überprüft werden. Wenn man aber ohne die

---

[183] Hofmann, aaO, S. 358.
[184] Hofmann, aaO, S. 364.
[185] Neumann, Die Tyrannei der Würde, ARSP 1998, S. 161.
[186] Herdegen, Die Menschenwürde im Fluß des bioethischen Diskurses, JZ 2001, S. 774.

Überprüfung des Kriteriums der »wechselseitigen Anerkennung« die *rein normative* Universalität der Menschenwürde behauptet, kann die Menschenwürde kaum die Verbindlichkeit mit ihrer absoluten Geltung erlangen. Dieses Phänomen kann man auch bei der Menschenwürdebegründung mit der Humanum-Charakteristik (Selbstachtung, Moralvermögen, Vernunftbegabung) beobachten[187].

Wie ist diese rein normative Universalität zu vermeiden? Meine Antwort dafür ist, dass der *normative* Aspekt mit dem *deskriptiven* Aspekt der Menschenwürde in Verbindung gebracht werden muss. Erst mit dieser Methode kann die Dimension der Menschenwürde richtig verstanden und die Menschenwürde als Resultat der wechselseitigen Anerkennung betrachtet werden. Der normative und der deskriptive Aspekt der Menschenwürde werden meines Erachtens durch »grundsätzliche Interessen (Bedürfnisse)[188]« verbunden. Unter dem Aspekt „Person in der Gesellschaft" sollte man vielmehr danach streben, eine neue Wertdimension der Menschenwürde zu konstituieren. In dieser Studie wird der Begriff »formale Sittlichkeit« von Axel Honneth als eine Möglichkeit einer neuen Wertdimension der Menschenwürde vorschlagen.

Zuerst muss man ein mögliches Mißverständnis über „grundsätzliche Interessen (Bedürfnisse)" als Kriterium der Menschenwürde beseitigen. Man denkt zu schnell nur an das Interesse eines bestimmten Menschen oder einer bestimmten Gruppe. Aber grundsätzliche Interessen sind bei der Menschenwürde ganz anders. Die Verletzung der grundsätzlichen Interessen als Menschenwürde bringt immer das starke Unrechtsgefühl mit sich, während die Verletzung der nicht grundsätzlichen Interessen nur das schwache und einseitige Unrechtsgefühl bringen kann. *Die Verletzung der grundsätzlichen Interessen (Bedürfnisse) und die starke Unrechtsempfindung sind die beiden Elemente der Menschenwürdeverletzung, die von allen Menschen anerkannt werden können.* Interessenverletzung oder Unrechtsempfindung allein können keine wechselseitige Anerkennung aller Menschen bekommen. Unter der substanzontologischen Menschenwürde wird die Menschenwürdeverletzung ohne Interessenverletzung mit der starken Unrechtsempfindung formuliert, indem die Interessenverletzung durch Wertverletzung ersetzt wird.

---

[187] Siehe dazu oben 2. Kapitel, I.

[188] Birnbacher, Menschenwürde – abwägbar oder unabwägbar?, in: Kettner (Hrsg.), Biomedizin und Menschenwürde, 2004, S. 266 f; Hilgendorf, Die mißbrauchte Menschenwürde, in: Jahrbuch für Recht und Ethik, Band 7 (1999), S. 139, 150.

Tabelle 1: Verletzung der grundsätzlichen Interessen und Unrechtsempfindung

	Substanz-ontologische Menschenwürde	grundsätzliche Interessen als Menschenwürde	Interesse einer bestimmten Gruppe
Interessenverletzung	(Wertverletzung)		aber nicht wechselseitig
Unrechtsempfindung	aber nicht wechselseitig		schwach und einseitig

Hier unterscheide ich zwei Fragen. Eine Frage ist die *Was*-Frage, welche Interessen zu grundsätzlichen Interessen gehören. Eine andere Frage ist die *Wie*-Frage, wie grundsätzliche Interessen konstituiert werden. Aber diese beiden Fragen sind miteinander eng verbunden, weil die Antwort auf die Was-Frage nach der Antwort auf die Wie-Frage möglich ist. Die Antwort auf die Was-Frage kann man mit der Antwort auf die Frage verwechseln, welche grundsätzlichen Interessen heutzutage als Grundlage der Menschenwürde anerkannt werden. Allerdings reichen beide Elemente der Menschenwürde (Verletzung der Grundinteressen, starke Unrechtsempfindung) aus, um die wechselseitige Anerkennung zu bekommen, da alle Menschen eine Gemeinsamkeit darin sehen. Die grundlegenden Menschenrechte haben mit den menschlichen Grundbedürfnissen die universelle Perspektive gemeinsam. Sie sind für uns alle da, nicht nur für die Bedürfnissen der Stärkeren und die Rechte der Privilegierten. Aufgrund unterschiedlicher Gründe, z. B. sozialer Status, wirtschaftlicher Lage usw. ist es aber sehr schwierig, diese Gemeinsamkeit von allen Menschen anzuerkennen. Diese Unterschiede sind so groß, dass der Perspektivwechsel unmöglich gemacht wird. Der Status bestimmt manchmal das Bewusstsein. Deswegen braucht man unbedingt noch eine Brücke, um die Frage zu beantworten, welche Interessen zu diesen grundsätzlichen Interessen gehören.

Welche Interessen gehören zur Menschenwürde? Allgemein kann man sagen, dass grundsätzliche Interessen zu den Interessen als Menschenwürde gehören und von allen Menschen als Inhalt der Menschenwürde anerkannt werden können. Über den konkreten Inhalt der Menschenwürde kann man aber nicht allgemein sprechen. Wir brauchen noch etwas Konkretes. Diese Interessen waren nicht von Anfang an vorhanden, sondern wurden mit der historischen Entwicklung durch Kampf konstituiert. Vielleicht ist diese Behauptung überraschend, da wir an die Vorstellung gewöhnt sind, dass jeder Mensch von Natur aus mit bestimmten Rechten ausgestattet ist. Aber wir vergessen manchmal, dass die heutige Menschenrechtslage das Resultat von vielen blutigen Kämpfen ist. Früher waren Frauen nur halbe und Knechte gar keine Menschen. Um diese offensichtlich „falsche" Einstellung zu ändern, brauchte die Menschheit viel Zeit. Die wechselseitige Anerkennung der Menschenwürdeverletzung ist nicht nur mit der Verletzung der grundsätzlichen Interessen, sondern auch mit langen Kämpfen verbunden. Mit diesen Kämpfen um Anerkennung formulieren sich verschiedene grundsätzliche Interessen als Menschenrechte. In der historischen Entwicklung haben viele Menschen um liberale Freiheitsrechte, politische Teilnahmerechte und soziale Wohlfahrtsrechte gekämpft. Die starke Unrechtsempfindung, die eine Verletzung der grundsätzlichen Interessen mit sich bringt, führt zu sozialen Kämpfen um die wechselseitige Anerkennung der grundsätzlichen Interessen[189]. Das Verhältnis zwischen der Verletzung der grundsätzlichen Interessen, dem starken Unrechtsgefühl und daraus folgenden Kämpfen um Anerkennung kann mit Hilfe von Thomas H. Marshall und Edward P. Thompson dargelegt werden. T. H. Marshall erklärt, welche Interessen in Form einer historischen Rekonstruktion als Menschenrechte anerkannt werden, während E. P. Thompson erklärt, wie starkes Unrechtsgefühl zum Kampf um Anerkennung führt. T. H. Marshall rekonstruiert die historische Einebnung der sozialen Klassenunterschiede als einen gerichteten Prozess der Erweiterung von individuellen Grundrechten. Er formuliert den Staatsbürgerstatus mit den drei Elementen, nämlich bürgerlichen Rechten im achtzehnten Jahrhundert, politischen Rechten im neunzehnten Jahrhundert und sozialen Rechten im zwanzigsten Jahrhundert, deren Anerkennung durch Kampf die grundsätzliche Einstellungsänderung mit sich mitbrachte[190]. Der Kampf gegen den Absolutismus und die hierarchische Ordnung im 17. Jahrhundert führt zur Anerkennung der bürgerlichen Menschenrechte im 18. Jahrhundert. Der Kampf um soziale Menschenrechte im 19. Jahrhundert führt zur Anerkennung der sozialen Menschenrechte im 20. Jahrhundert. Trotz zahlreichen Kriti-

---

[189] Bielefeldt, Die Menschenrechte als Chance in der pluralistischen Weltgesellschaft, ZRP 1988, S. 429. „Die Menschenrecht sind im Kontext einer neuzeitlichen „Leidensgeschichte" entstanden (Bielefeldt, aaO, S. 430)." „Menschenrechtsforderungen sind am besten als Antworten auf exemplarische Unrechtserfahrungen zu charakterisieren (Brugger, Stufen der Begründung von Menschenrechten, Der Staat 31 (1992), S. 21)." „Menschenrechte sind dann zu verstehen als das Ergebnis eines langwierigen und hindernisreichen Prozesses, in welchem negative Erfahrungen der Exklusion überwunden worden sind (Klaus Günther, Was kann «Universalität der Menschenrechte» heute noch bedeuten?, in: Schulz/Sonne(Hrsg.), Kontinuität und Wandel, 1999, S. 173)." „Ich denke, dass die allgemeine Erschütterung über die weltweit kommunizierten grausamen Verletzungen der Menschenrechte ein Motor für eine interkulturelle Verständigung über den Inhalt und den Bestand von Menschenrechten sein kann (Hassemer, Interkulturelles Strafrecht, in: FS für E.A.Wolff, 1998, S. 122)."
[190] Marshall, Staatsbürgerrechte und soziale Klassen, in: ders., Bürgerrechte und soziale Klassen (übersetzt von Rieger), 1992, S. 40 ff.

68

ken an grundsätzlichen Interessen als Grund der universalen Geltung[191] denke ich, dass das grundsätzliche Interesse für die universale Geltung mehr konsensfähiger als der ontologische Gedanke der Menschenwürde ist. Unter posttraditionalen Bedingungen hat etwas Abstraktes, z. B. absolute Werte keine universale Geltung, sondern etwas Konkretes, das in der Geschichte der Menschheit verwirklicht wird.

Ohne Kampf um Anerkennung kann man sich die jetzige Menschenrechtslage nicht vorstellen. E. P. Thompson sucht den Grund des Kampfes nicht im utilitaristischen Interessenkonflikt, sondern in der moralischen Unrechtsempfindung; Die Menschen, die damals nicht richtig anerkannt wurden, erlebten die normative Verletzung des unausgesprochen wirksamen Konsenses[192]. Mir scheint aber bei der Ebene „Menschenwürdeverletzung" die grundsätzliche Interesseverletzung (*Entweder oder Charakter*), bei der Ebene „Kampf um Anerkennung der Menschenwürdeverletzung" hingegen die Unrechtsempfindung wichtig zu sein (*Alles oder Nichts Charakter*). Man kann beide Ebenen nicht wirklich unterscheiden, weil die Verletzung der grundsätzlichen Interessen, die als Menschenrechte konstituiert werden, immer starke Unrechtsempfindungen mit sich bringt.

Bis jetzt habe ich Elemente der wechselseitigen Anerkennung der Menschenwürdeverletzung genannt: *Verletzung der grundsätzlichen Interessen, starke Unrechtsempfindung und Kampf um wechselseitige Anerkennung.* Ich glaube, dass die Menschenwürde, die durch Menschenrechte konstituiert wird, die normative Grundlage der Anerkennungstheorie angeben kann. Mit dem Mittel »grundsätz-

---

[191] In Bezug auf die Menschenrechtsforderung der dritten Generation entstehen die Aufspaltung der Menschenrechtskonzeptionen und die Inflationierung und Ideologisierung der Menschenrechtsdiskussion. Dazu Brugger, Stufen der Begründung von Menschenrechten, Der Staat 31 (1992), S. 31 ff; Luhmann, Das Recht des Gesellschaft, 1993, S. 578 ff. Zum Kritik am Grundbedürfniskonzept Riedel, Theorie des Menschenrechtsstandards, 1986, S. 202 ff.

[192] Honneth, Kampf um Anerkennung, 1994, S. 267. „Edward P. Thompson untersucht in seinem Buch „Plebejische Kultur und moralische Ökonomie" die alltäglichen Moralvorstellungen, die die englischen Unterschichten zum Widerstand gegen die Anfänge der kapitalistischen Industrialisierung motivierten (aaO, S. 267 f)." Axel Honneth unterscheidet zwischen dem Hobbesschen und dem Hegelschen Denkmodell. Während das Hobbessche Denkmodell die Motive für Aufruhr, Protest und Widerstand kategorial in „Interessen" umwandelt, die sich aus der objektiven Ungleichverteilung von materiellen Lebenschancen ergeben sollen, ohne mit dem alltäglichen Netz moralischer Gefühlseinstellungen noch irgendwie verknüpft zu sein, sucht das Hegelsche Denkmodell den Grund des Kampfes nicht von vorgegebenen Interessenlagen, sondern in moralischen Unrechtsempfindungen. „Wer an diese durchbrochene Wirkungsgeschichte des Hegelschen Gegenmodells heute anzuknüpfen versucht, um die Grundlagen für eine normativ gehaltvolle Gesellschaftstheorie zu gewinnen, ist daher vor allem auf einen Begriff des sozialen Kampfes angewiesen, der statt von vorgegebenen Interessenlagen von moralischen Unrechtsempfindungen seinen Ausgang nimmt (aaO, S. 258 f)."

69

liche Interessen«, die die starke Unrechtsempfindung mit sich bringen, kann man
die normativ gehaltvolle Gesellschaftstheorie entwickeln, aber diese Arbeit geht
über meine Fähigkeit hinaus.

Menschenrechte werden meines Erachtens als Normen aufgefasst, welche die
Grundlagen der menschlichen Existenz betreffen, ja diese schützen. Es besteht
eine Verbindung zu menschlichen Grundbedürfnissen, wodurch sich Menschenrechte möglicherweise ohne zeitliche und räumliche Grenzen auf Menschen anwenden lassen[193]. Die Menschenwürde, die mit den wichtigen Menschenrechten
konstituiert wird, hat universale Geltung, und sie ist ein wichtiger Grund der
Sollnormen. Wenn man das Prinzip der Menschenwürde als das kulturübergrei-
fende Prinzip verstehen will, muss man die Menschenwürdeverletzung auf die
Verletzung der wichtigen Menschenrechte beschränken. Von diesem Standpunkt
aus kann man die umfangreiche Erweiterung der Menschenwürde kritisieren.
Wenn die Menschenwürde die Spezieswürde und die Gattungswürde nicht umfasst und die Menschenwürdeverletzung als Verletzung der wichtigen Menschenrechte verstanden wird, stellt sich die Frage, aus welchem Grund und mit
welcher Norm man die Embryonenforschung regulieren kann. Wenn man davon
ausgeht, dass die Menschenwürde durch die Menschenrechte, die mit den grundsätzlichen Interessen verbunden sind, konstituiert wird, kann man den Begriff
der Person konstituieren. Wenn man die Person als Menschenrechtsträger konstituiert, kann man dadurch das Sollen konstituieren. Dieses Sollen wird durch den
Menschenrechtsbegriff gerechtfertigt, die durch die Prüfung der Universalität
konstituiert wird. Ich glaube, dass man die konstituierte Menschenwürde durch
die Menschenrechte, die mit den grundsätzlichen Interessen verbunden sind, als
Ausgangspunkt zu den Erhaltungs- und Entfaltungsbedingungen des Menschseins, des Selbstseins und des Alsseins verstehen kann. Der Mensch hat nicht nur
die Pflicht als Rollenträger, sondern auch die Rechte als Menschsein, Selbstsein
und Alssein. Die Sollnormen kommen aus der durch die Menschenrechte konstituierten Menschenwürde, und daraus entsteht die Pflicht, die das Verhalten, die
Beziehung und die Struktur stoppt, die Menschenwürde zu verletzen.

An dieser Stelle stelle ich zwei Fragen. Die *erste* Frage ist, ob Werte bei der
Menschenwürdeverletzung keinen Platz haben. Die Meinung, die die Menschenwürde als objektiven höchsten Wert versteht, würde meine Frage nicht verstehen. Aber diese Meinung bringt meines Erachtens viele Probleme mit sich,

---

[193] Galtung, Menschenrechte – anders gesehen, 1994, S. 10.

70

weil in der Gesellschaft, in der die Menschenwürde als vorgegebener objektiver Wert betrachtet wird, das Menschenwürdeargument bei der Menschenwürdeverletzung mit dem Totschlagargument sehr schnell verwechselt wird. Dadurch wird die rationale Argumentation verhindert. Damit entsteht ein Kampf um objektive Werte, und es kann kein Konsens gezogen werden. Ich bin der Auffassung, dass Werte bei der Menschenwürdeverletzung eine andere Funktion haben. Wenn man die Menschenwürdeverletzung behauptet, muss man meines Erachtens die Interessenverletzung beweisen, indem der Wechsel der Wertverletzung in die Interessenverletzung wechselseitig anerkannt wird. Man kämpft um den Wechsel der Werte zu den Interessen. Um diese Funktion richtig zu verstehen, muss man zwischen der Menschenwürdeverletzung und der Menschenwürdeforderung unterscheiden. Wie die Gerechtigkeit, die mehr oder weniger gefordert wird, kann auch die Menschenwürde mehr oder weniger gefordert werden. Wie die Wahrheit, die entweder wahr oder nicht wahr ist, kann die Menschenwürde indes verletzt werden, aber nicht mehr oder weniger verletzt werden[194]. Die Menschenwürdeforderung hat den »mehr oder weniger« Charakter, während die Menschenwürdeverletzung den »entweder oder« Charakter hat. Die Menschenwürdeforderung kann deshalb verschiedene Stufen haben, aber die Menschenwürdeverletzung hat nur eine Stufe: sie ist eine Menschenwürdeverletzung oder nicht.

Außerdem muss man eine neue Ebene der Werte bei der Menschenwürdeforderung finden. Person, Gesellschaft und Menschenwürde stehen in der Wechselbeziehung. Einerseits hat die Person die Kraft, die Gesellschaft zu kritisieren, andererseits bestimmt die Gesellschaft Möglichkeiten und Grenzen für den konkreten Inhalt der Menschenwürde. Die Person handelt eingebunden in gesellschaftliche Bedingungen und wird von dem vorherrschenden Normen- und Wertesystem beeinflusst. Diese Person ist aber vielleicht eine passive Person. Sie bemüht sich, unter den vorgegebenen Werten in einer bestimmten Gesellschaft die Anerkennung der anderen Personen durch Streben nach diesen Werten zu bekommen. Aber man kann unter diesen vorgegebenen Werten die Menschenwürde der Anderen, besonders der schwächeren Personen, nicht ernst nehmen. *Man soll nicht die Werte in der Gesellschaft kritiklos annehmen, sondern aus Sicht der Schwächeren neue Werte formulieren. Deswegen sollte man statt den vorgegebenen Werten in einer Gesellschaft andere Werte finden, die der individuellen Selbstverwirkung als notwendige Voraussetzung dienen.* Menschen haben einige grundsätzliche Regeln, die unbedingt eingehalten werden müssen. Nach diesen

---

[194] Zum Charakter der Gerechtigkeit und der Wahrheit Neumann, Juristische Argumentationslehre, 1986, S. 70 f.

grundsätzlichen Regeln wird jeder Mensch als selbst bestimmtes, und sich selbst verwirklichendes Wesen wechselseitig achten müssen. In diese Richtung weist Axel Honneth auf: *das formale Konzept von Sittlichkeit*, in dem die intersubjektive Bedingung der personalen Integrität als Voraussetzung interpretiert wird, was zusammengenommen dem Zweck der individuellen Selbstverwirkung dient. Mit dem Begriff »formale Sittlichkeit« schlägt er einen anerkennungstheoretischen Ansatz als ein normatives Konzept vor, in der Mitte zwischen einer auf Kant zurückgehenden Moraltheorie und den kommunitaristischen Ethiken; mit jener teilt er das Interesse an möglichst allgemeinen Normen, die als Bedingung für bestimmte Möglichkeiten aufgefasst werden, mit diesen aber die Orientierung am Zweck der menschlichen Selbstverwirklichung[195]. *Meines Erachtens kann man diese formale Sittlichkeit als »relationsontologische Werte« bezeichnen.* Wir brauchen ein neues Wertekonzept, das das substanzontologische Wertekonzept ersetzen kann. Mit neu formulierten Werten kann man wirklich die Menschenwürde der Anderen fordern und gegenüber den vor-gegebenen Werten eine kritische Stellung einnehmen. Unter den vorgegebenen Werten erkennt man manchmal nicht die Menschenwürdeverletzung, die aus der sozialen Struktur kommt. Unter den vorgegebenen Werten verbirgt sich eine Art strukturelle Gewalt, die die Selbstverwirkung der Personen unter dem Niveau seiner Realisierungsmöglichkeiten bleiben lässt. Nur unter neu formulierten Werten als Bedingung der Selbstverwirkung kann man diese Menschenwürdeverletzung erkennen. Wir brauchen ein neues, offenes Wertesystem, in dessen Horizont sich die Subjekte wechselseitig in ihren frei gewählten Lebenszielen wertschätzen lernen[196]. Wir brauchen keinen Kampf um Anerkennung der substanzontologischen Werte, sondern einen Kampf um Anerkennung der relationsontologischen Werten, und vielmehr einen Kampf um Anerkennung der relationsontologischen Werte zu *wechselseitigen* Menschenrechten.

Die *zweite* Frage ist, ob die Menschenwürdeverletzung ohne Menschrechtsverletzung möglich ist, die mit der Verletzung der grundsätzlichen Interessen verbunden ist. Nach der Prämisse, dass die Menschenwürde nicht vorhanden ist, sondern mit den verschiedenen wichtigen Menschenrechten konstituiert wird, ist es problematisch, die Menschenwürdeverletzung ohne eine Menschenrechtsverletzung zu behaupten. Ein wichtiges Problem liegt darin, dass die konkrete angemessene Lösung mit dem Menschenrechtsargument durch das absolute Verbot mit dem Menschenwürdeargument gestoppt werden kann. Aus diesem Grund

---

[195] Honneth, aaO, S. 276 f.
[196] Honneth, aaO, S. 285.

muss man die Fälle der Menschenwürdeverletzung auf die Fälle der wichtigen Menschenrechtsverletzung beschränken. Dieser Beschränkung bedarf es, wenn man die Probleme zu vermeiden versucht, die dadurch entstehen, dass man mit der Menschenwürde die Spezieswürde oder die Gattungswürde umfasst. Um den Begriff der Menschenwürde, die absolute Geltung hat, zu konkretisieren, muss man sich mit der Frage beschäftigen, was absolute Geltung der Menschenwürde bedeutet. Hier werde ich zuerst auf die Bedeutung der absoluten Geltung eingehen. Mit dem Vergleich zwischen der absoluten Geltung und der universalen Geltung kann man die Bedeutung der absoluten Geltung erfahren.

Die *erste* Voraussetzung der absoluten Geltung ist universale Geltung der Menschenwürde. *Die absolute Geltung ohne universale Geltung ist in unserer heutigen Gesellschaft undenkbar.* Aus meiner Sicht hat der Satz „Die Menschenwürde hat absolute Geltung" drei Bedeutungen: *Erstens* ist es nicht möglich, mit der Menschenwürde abzuwägen (Absage zur relativen Menschenwürde). *Zweitens* muss die Menschenwürde in allen Fällen angewendet werden (ohne Anwendungsdiskurs). *Drittens* muss die Menschenwürdeverletzung von allen Menschen anerkannt werden (Alle Menschen können das Nichthalten der Norm als Menschenwürdeverletzung anerkennen). Der dritte Punkt ist der wichtigste für die absolute Geltung der Menschenwürde, aber manchmal wird er außer Acht gelassen.

Ich habe vorgeschlagen, die Menschenwürde mit der Anerkennung aller Menschen zu konstituieren, anstatt die vorhandene Menschenwürde direkt anzuerkennen. Durch die wechselseitige Anerkennung der Menschenwürdeverletzung wird die Menschenwürde konstituiert, und man kann nur diese konstituierte Menschenwürde anerkennen. Zum Beispiel kann man das Folterverbot als Beispiel der erkennbaren konstituierten Menschenwürde nennen. Beim Folterverbot ist es nach herrschender Meinung absolut verboten, mit anderen Interessen abzuwägen und das Folterverbot wird in allen Fällen ohne Ausnahme angewendet. Wenn es beim Mord keine Rechtfertigungsgründe gibt, ist hauptsächlich universale Geltung des Lebensrechts betroffen und die Menschenwürdeverletzung ist nur sekundär problematisch. Die ersten beiden Bedeutungen der absoluten Geltung der Menschenwürde spielen beim Tod aus Notwehr oder Tod im Krieg keine Rolle. Auch in der Struktur der Argumentation sind das Folterverbot und das Mordverbot anders. Beim Folterverbot kann absolute Geltung der Menschenwürde benutzt werden, während beim Mordverbot nur die Lebensrechtsverletzung ohne Rechtfertigungsgründe benutzt werden kann. Wie wir mit dem Vergleich zwischen dem Folterverbot und dem Mordverbot erfahren können, ist es schwierig, die Normen mit der Menschenwürdeverletzung zu begründen. In den meisten Fällen werden die Normen mit den Menschenrechtsverletzungen begründet.

Allgemein kann man die Menschenrechtsverletzung mit der Menschenwürdeverletzung vergleichen. *Erstens* ist es nicht unmöglich, verschiedene Menschenrechte abzuwägen, *zweitens* können die Menschenrechte erst beim Anwendungsdiskurs konkretisiert werden und *drittens* muss die Menschenrechtsverletzung von allen Menschen anerkannt werden. Ein Vorteil der Begründung mit einem Menschenrecht liegt darin, dass man mit einem Menschenrecht konkreter argumentieren und gegeneinander bestreiten kann, ob und wie dieses Menschenrecht begründet werden kann. Durch die Argumentation kann man auch den konkreten Inhalt eines Menschenrechts erfahren. Die Schwierigkeit der Begründung mit einem Menschenrecht bringt mehrere Menschenwürdeargumente hervor, und führt weiter zur Inflation des Menschenwürdearguments.

Das Problem der Auffassung, nach der die starke Menschenwürdeverletzung ohne Menschenrechtsverletzung anerkannt werden kann, liegt meines Erachtens nach in der Erweiterung der Unabwägbarkeit der Menschenwürde ohne Prüfung der Universalität, während das Problem der Auffassung, die von Birnbacher vertreten wird, wonach die schwache Menschenwürdeverletzung ohne Menschenrechtsverletzung anerkannt werden kann, in der Abwägbarkeit der Menschenwürde liegt. Nach Jörn Ipsen steht der Embryo *in vitro* unter der Vorwirkung der Menschenwürde, dessen Inhalt nicht zuletzt die „Würde der Menschenspezies" ist. Aus der Vorwirkung der Menschenwürde ergibt sich die gesetzgeberische Schutzpflicht für den Embryo *in vitro*. Seiner Meinung nach kann im Gegensatz zur Menschenwürde, die nicht mit anderen Grundrechten abgewogen wird, die Vorwirkung der Menschenwürde abgewogen werden, weil diese Menschenwürde nur relative Geltung hat[197].

Die relative Menschenwürde ist die schwache Menschenwürde. Aber es erscheint mir problematisch, den Status des Embryos *in vitro* aus der Vorwirkung der Menschenwürde zu kriegen. *Einerseits* widerspricht es der unabwägbaren Geltung der Menschenwürde, *andererseits* kann man mit den beiden Kriterien „Menschenwürde als Relationsbegriff" und „Menschenwürde als Resultat der wechselseitigen Anerkennung" festhalten, dass der Embryo *in vitro* kein Träger der Menschenwürde ist. Der Embryo *in vitro* hat keine Grundlage für eine wechselseitige Anerkennung. Wenn die Menschenwürde die Gattungswürde oder die Menschheitswürde umfasst, scheint mir die Meinung über die Abwägbarkeit der schwachen Menschenwürde richtig zu sein. Wenn aber die Menschenwürde die

---

[197] Siehe dazu oben 3. Kapitel, III.

Gattungswürde oder die Menschheitswürde nicht umfasst, muss man den Bereich der Menschenwürde auf den Bereich der starken Menschwürde, also den der wichtigen Menschenrechte beschränken. Die Menschenwürde, die mit Menschenrechten konstituiert wird, hat universale Geltung, und sie ist der Grund der Sollensnorm. Wenn die Menschenwürde die Gattungswürde oder die Menschheitswürde nicht umfasst, stellt sich die Frage, aus welchem Grund und mit welcher Norm man sie schützen kann. Hier muss man wieder fragen, ob das Biostrafrecht als Grundnorm der Gattungsgesellschaft anerkannt werden kann.

III. Begründungen des universalen Biostrafrechts

Wenn es ein *universal* geltendes Strafrecht geben würde, wie könnte man es gestalten? Auf diese Frage kann man auf verschiedene Art und Weise antworten. Aber alle Versuche, ein mögliches universales Strafrecht zu begründen, haben eine *scheinbare* Gemeinsamkeit: Um etwas mit einem universalen Strafrecht verbindlich zu machen, braucht man unbedingt etwas, was alle Menschen gemeinsam haben. Es ist zwar leicht, aus eigener Sicht gemeinsame Normen zu behaupten, aber schwierig, die Gemeinsamkeit der Normen zu begründen. Aus der naturrechtlichen Sicht ist es leicht, von der absoluten Geltung einer Norm zu sprechen, aber schwierig, diese Norm ohne den naturrechtlichen Standpunkt zu begründen. Der Weg, eine Norm durch Universalisierbarkeit zu begründen, ist ein Versuch, eine Norm ohne das Naturrechtsdenken zu begründen. Wenn man ohne die naturrechtliche Sicht die Geltung einer Norm zu begründen versucht, muss man sie sicherlich mit der Universalisierbarkeit einer Norm begründen. Sie muss als „universal für alle" und „universal für alle Kulturen" anerkannt werden (»intersubjektive Anerkennung« und »interkulturelle Anerkennung«). Erst durch das Argument mit den universalisierbaren Geltungsansprüchen kann man ein universales Strafrecht begründen. Dieser Punkt ist sehr wichtig, wird aber für die Anerkennung der Gemeinsamkeit zur Begründung der gemeinsamen Normen manchmal außer Acht gelassen. Auf der einen Seite behauptet man, dass es ein dem Recht vorgegebenes Normsystem gibt, auf der anderen Seite behauptet man, dass es kein dem Recht vorgegebenes Normsystem gibt. Hier vertrete ich die Auffassung, dass es kein dem Recht vorgegebenes Normsystem gibt, von dem für die Begründung eines universalen Strafrechts ausgegangen werden könnte.

Die *erste* mögliche Antwort zur Begründung eines universalen Strafrechts orientiert sich an der metaphysischen Moral selbst. Danach übertragen die schon vorhandenen moralischen Normen direkt die positiven Normen. Ein universales Strafrecht kann auf die Weise begründet werden, indem man etwas metaphysisch behauptetes Unverfügbares verfügbar zu machen versucht. Ein gutes Beispiel für dieses Modell ist die Begründung eines universalen Strafrechts nach religiösen Normen (Devine-law-Modell). Diese Begründung ist jedoch problematisch, weil wir in einer säkularen und pluralisierten Gesellschaft leben und der religiöse Grund der Normbegründung keine Geltung hat, obwohl er in der Gesellschaft, wo die Religion und die Politik übereinstimmen, möglich sein könnte. Normen, die nur in der christlichen Gesellschaft Geltung haben können, haben die folgende Form: Die erste Prämisse ist die Weltordnung und die Regeln, die Gott geschaffen hat. Das Wesen Gottes, das über die Natur existiert, ist die Quelle der Normen, deswegen kommt die Geltung der Normen fließend aus der Geltung der Ordnung Gottes. Ob ein Handeln richtig oder falsch ist, hängt davon ab, ob dieses Handeln die Ordnung Gottes verletzt oder nicht[198]. Aber das größte Problem des christlichen Naturrechts liegt gerade in der ersten Prämisse. „Die Schwäche dieser Modelle liegt in der Stärke seiner Voraussetzungen. Theologische Ansätze sind in einer nicht auf theologischen Prämissen verpflichten rechts- und moralphilosophischen Diskussion nicht konsensfähig[199]." Die Normen des christlichen Naturrechts gelten nur in der Christengemeinschaft. In der heutigen säkularen und pluralisierten Gesellschaft scheitert jeder Versuch, die Normen nur aus religiösen Gründen zu begründen.

Mit der Zeit verändern sich das Gesellschaftsbild und das Menschenbild. Im Gott- und Kirchenzentralisierten Mittelalter und in der säkularisierten, aber immer noch nicht pluralisierten und komplizierten Neuzeit scheint die Rolle der Moral bei der Gestaltung des positiven Gesetzes aus der Sicht des Naturrechts sehr groß zu sein (und die Überzufügung der Moral aus der Sicht des Rechtspositivismus auch groß zu sein). Die moderne Gesellschaft versteht sich als pluralisierte und komplizierte Gesellschaft (aus der interkulturellen Ebene kann man die islamische Welt als eine Form der pluralisierten Weltgesellschaft ansehen). Der moderne Mensch entkommt aus der zauberkräftigen Geltung der Religion und versteht sich als autonomes Wesen. Mir scheint das Verhältnis zwischen dem Recht und der Moral in der modernen Gesellschaft in das Verhältnis zwischen dem Recht und dem moralischen, dem ethischen und dem pragmatischen

---

[198] Hoerster, Ethik und Interesse, 2003, S. 82 ff.
[199] Neumann, Die Tyrannei der Würde, ARSP 1998, S. 164.

Bereich zu wechseln[200]. Es ist außerordentlich wichtig, zwischen dem moralischen, ethischen und pragmatischen Bereich zu trennen.

Es gibt hier auch Probleme. Ein Problem liegt in der Frage, wer und wie im Normbegründungsdiskurs den Gegenstand bestimmt, der zum moralischen Bereich oder zum ethischen Bereich gehört. Ein anderes Problem liegt in der Frage, ob das Kriterium „Universalisierbarkeit" bei der Begründung der moralischen Normen selbst erweitert wird. Das Verhältnis zwischen „Recht und Moral" wird nicht über die metaphysische Weise, sondern nach dem Kriterium »Universalität« nachgewiesen, weil die Geltung in der heutigen säkularisierten, pluralisierten und komplizierten Gesellschaft nur durch »universale Anerkennung« geschafft wird. Aber immer noch gibt es bei der Normbegründung eines universalen Strafrechts zahlreiche Versuche, die die Absolutheit der Moral ohne Prüfung der Universalität oder sie mit der scheinbaren Begründung der Universalität behaupten. Aus der absoluten Pflicht kommt die Schutzpflicht (deontologische Ethik[201]). Das führt dazu, dass ein universales Strafrecht im Namen der Moral im Bereich, in dem es keine Universalisierbarkeit gibt, erweitert wird und eine scheinbare universale Moral erzwingt. Nunmehr scheinen mir die Menschenwürde und sogar die Menschenrechte diese Funktion der Moral zu übernehmen.

Die *zweite* mögliche Antwort zur Begründung eines universalen Strafrechts orientiert sich an der Menschenwürde. Nach dieser Meinung gilt die Menschenwürde als kulturübergreifend universales Prinzip, weswegen man mit der Menschenwürde ein universales Strafrecht begründet. Außerdem wird es gestaltet, indem man die Rechtsgüter sucht, die mit der Menschenwürde verbunden sind. Aber dieser Versuch, mit der Menschenwürde ein universales Strafrecht zu begründen und zu gestalten, hat folgende Probleme: Auf den ersten Blick scheint es nicht schwierig zu sein, mit der Menschenwürde etwas Gemeinsames zu finden, und mit dem Menschenwürdeprinzip ein universales Strafrecht zu begründen. Es scheint sogar der einzige Weg zum universalen Strafrecht zu sein. Der Klang des Begriffs „Menschenwürde" ist fantastisch für alle. Aber genau gesehen ist kein Begriff vager und unbestimmter als der Begriff „Menschenwürde". Deswegen ist es nicht einfach, etwas Gemeinsames mit dem Begriff „Menschenwürde" zu finden.

---

[200] Über drei Kriterien des Normbegründungsdiskurses Habermas, Vom pragmatischen, ethischen und moralischen Gebrauch der praktischen Vernunft, in: ders., Erläuterungen zur Diskursethik, 1991, S. 100 ff: ders., Faktizität und Geltung, 1992, S. 197 ff.

[201] Zur Unterscheidung zwischen der deontologischen Ethik und der teleologischen (folgenorientierten, konsequentialistischen) Ethik Antoine, Aktive Sterbehilfe in der Grundrechtsordnung, 2004, S. 181 ff.

Man kann drei Gründe für die verschiedenen Interpretation über die Menschenwürdeverletzung nennen: der Unterschied der Interpretation zwischen Menschen, zwischen Kulturen und zwischen Religionen. Besonders können diese Unterschiede erweitert werden, wenn man die Menschenwürde als Wertbegriff ansieht. Wenn die Menschenwürde der Wertbegriff wäre, ist es nicht schwierig, einen Konsens über die Menschenwürde und die Menschenwürdeverletzung zu finden, wenn man sich mit einem Menschen aus dem gleichen Kulturkreis oder religiösem Hintergrund unterhält. Aber wenn man sich mit einem Menschen aus einem anderen Kulturkreis oder mit einem anderen religiösen Hintergrund unterhält, sieht die Lage vielleicht ganz anders aus, weil die Menschenwürde als höchster Wert nur im gleichen Kulturkreis oder vor dem gleichen religiösen Hintergrund gelten kann. Außerdem kann sich innerhalb des gleichen Kulturkreises eine Wertungsinkonsistenz entwickeln, weil die Gesellschaft mit der Zeit pluralisiert und kompliziert geworden ist. Selbst wenn ich mich mit einem Kollegen aus dem gleichem Kulturkreis oder mit dem gleichen religiösen Hintergrund unterhalte, kann ich finden, dass jeder manchmal seine eigene Vorstellung von Werten hat. Nicht jeder Mensch befolgt die Werte aus dem gleichen Kulturkreis oder aus dem gleichen Religionskreis, obwohl er nicht gegen sie ist. Daraus können wir folgern, dass man eine Gemeinsamkeit aus der Menschenwürde als Wertbegriff nicht ziehen kann, um damit ein universales Strafrecht zu begründen. Man sollte die universale Ordnung nicht als *eine* Wertordnung, sondern als *verschiedene* Wertordnungen ansehen. Trotzdem ist das Risiko hoch, die Absolutheit der Werte aus dem Standpunkt des Wertefundamentalismus in Form des Schutzes der Menschenwürde und mit dem Mittel eines universalen Strafrechts zu behaupten. Die Behauptung der Menschenwürde vom Standpunkt des Wertefundamentalismus beantwortet ohne die Vorarbeit der konkreten Argumentation die folgenden Fragen mit „ja“: 1. Gibt es einen vorhandenen Bereich, wo die Menschenwürde als höchster Wert absolut gilt? (Substanzontologie) 2. Kann man diesen Bereich direkt erkennen? (starker Kognitivismus) Die absolute Geltung der Menschenwürde als höchster Wert kommt aus sich selbst und ihre normative Erkenntnis kann direkt erworben werden. Unter den Prämissen, dass die Menschenwürde schon da ist und sie direkt erkannt werden kann, wird die Menschenwürdeverletzung durch die Erkennung der schon vorhandenen Menschenwürde bestimmt (Determinismus). Das Gegenargument zur Menschenwürde als höchster Wert wird also die „Nein“-Antwort auf die beiden Fragen sein. Es gibt keinen vorhandenen Bereich, wo die Menschenwürde als höchster Wert absolut gilt und man kann diesen Bereich nicht direkt erkennen. Ein großer Nachteil des Determinismus liegt darin, dass er keiner Theorie der Argumentation bedarf.

Die *dritte* mögliche Antwort zur Begründung eines universalen Strafrechts orientiert sich an der Identität der Weltgesellschaft oder Weltordnung. Nach dieser Meinung ist die Identität der Weltgesellschaft oder Weltordnung das einzige Kriterium eines universalen Strafrechts. Aber dieses Kriterium ist sehr unklar. Gibt es überhaupt ein Weltgesellschaftsbild? Wenn das Weltgesellschaftsbild unklar wäre, was könnte man dann über die Identität der Weltgesellschaft sagen? Gibt es trotzdem eine Methode, wie man die Identität der Weltgesellschaft oder Weltordnung am besten formulieren kann? Um etwas über die Identität zu sagen, muss man zuerst konkretisieren, *wessen* Identität betroffen ist. Da es verschiedene Kulturen gibt, ist es unmöglich, *eine* Identität zu schaffen. Man kann zwar über die individuelle, regionale, staatliche oder ethnische Identität sprechen, aber es ist schwierig, von der Identität der gesamten Weltgesellschaft zu sprechen. Hier gibt es nur eine Teilidentität, nämlich beschränkt auf den Geltungsbereich. Während es beim Kulturkonflikt auf nationaler oder kultureller Ebene das Problem von »Identität und Integration« gibt, gibt es beim Kulturkonflikt auf internationaler oder interkultureller Ebene kein Problem der Integration. Das Ganze hat keine Identität, sondern nur Teile haben die Identität. Wenn man die Psyche zwischen dem Stärkeren und Schwächeren vergleicht, kann man sehen, dass Stärkere manchmal dazu tendieren, aus eigener Sicht die Welt zu regeln und zu integrieren, während Schwächere manchmal von Stärkeren abhängig sind, oder versuchen, unabhängig zu sein und aus eigener Kraft zu leben. Im Gegensatz zur Anschauung der Schwächeren sehen Stärkere die Welt anders und versuchen sie zu regeln. Die Regel, die die Tierwelt regiert, ist die Regel des Fressens oder Gefressenwerdens, aber die Regel, die die internationale Welt regiert, ist die Regel, wer regelt und wer geregelt wird.

Wenn man über die Identität der Weltgesellschaft oder Weltordnung spricht, kann man folgendes sagen: Sie liegt darin, dass die verschiedenen Identitäten der verschiedenen Gesellschaften anerkannt werden, insofern die universalen Kernmenschenrechte nicht verletzt werden. Aber der umfangreichste Universalitätsanspruch in allen Bereichen kann die unterschiedlichen Faktoren aus jeder Kultur mißverstehen und unterdrücken, und den Fehler begehen, andere Kulturen nach eigenen Kriterien zu beurteilen. Wenn eine gewisse Kultur als Leitkultur der Welt angesehen wird, zum Beispiel das westkonzentrierte Weltgesellschaftsbild als einziges Weltgesellschaftsbild betrachtet wird, werden die Identitäten der anderen Gesellschaften unterdrückt. Der Versuch, mit der Pseudoidentität der Weltgesellschaft ein universales Strafrecht zu gestalten, wird manchmal nur als Mittel zum Schutz der Identität der Teilgesellschaft benutzt, und er zerstört nicht nur die Identitäten der anderen Gesellschaften, sondern auch die Identität der Weltgesellschaft und die Weltordnung.

Die *vierte* mögliche Antwort zur Begründung eines universalen Strafrechts orientiert sich an den moralbezogenen Menschenrechten. Auf den ersten Blick scheint es positiv zu sein, wenn man bei der Gestaltung eines universalen Strafrechts über Werte oder Moral spricht. Wie schön wäre es, wenn Werte und Moral durch Strafrecht verwirklicht würden. Aber das Risiko ist sehr hoch, dass Pseudowerte oder Pseudomoral von der Macht durch Strafrecht verwirklicht werden. Dieses Risiko besteht besonders bei der Gestaltung eines internationalen Strafrechts mit moralbezogenen Menschenrechten. Dieses Phänomen sehen wir gerade im Krieg gegen Terror, wobei das Gute und das Böse ganz genau unterschieden werden[202]. Kann man die internationale Ordnung mit einem mit moralbezogenen Menschenrechten begründeten internationalen Strafrecht positiv gestalten? Wie ich gesagt habe, ist die positive Gestaltung der internationalen Ordnung meines Erachtens mit einem gemeinsamen Strafrecht nicht förderlich, weil die internationale Ordnung in der Verschiedenheit der jeweiligen Kultur liegt, insofern die universalen Kernmenschenrechte nicht verletzt werden. Sie liegt genau gesagt darin, dass das Verschiedene anders, und das Gemeinsame gleich behandelt werden müssen.
Aber das Problem eines mit moralbezogenen Menschenrechten begründeten internationalen Strafrechts liegt darin, dass der Umfang der Gemeinsamkeit erweitert wird, und dadurch das Verschiedene als Verletzung des Gemeinsamen angesehen wird. Die gerechte internationale Ordnung gestaltet sich nicht mit wert- oder moralbezogenem internationalen Strafrecht, sondern zerstört sich nur. Die Aufgaben des internationalen Strafrechts liegen also meines Erachtens darin, dass ein starkes Strafrecht über den Bereich, wo kein Unterschied zwischen den Kulturen ist, gestaltet wird, und sicher stabilisiert wird. Wenn ein internationales Strafrecht über einen Bereich, wo große Unterschiede zwischen Kulturen herrschen, gestaltet wird, oder wenn es den Bereich, wo kein Unterschied zwischen Kulturen ist, nicht stabilisieren kann, verliert es seine Gültigkeit.

Deswegen orientiert sich die *fünfte* mögliche Antwort zur Begründung eines universalen Strafrechts an den interessenbezogenen Menschenrechten. Die Meinungen, durch die Menschenwürde die Identität der Weltgesellschaft oder die mo-

---

[202] Zunächst wird es moralisiert, also nach Kriterien von »Gut« und »Böse« beurteilt, und dann kriminalisiert, also nach Kriterien von »Recht« und »Unrecht« verurteilt. Habermas, Die Einbeziehung des Anderen, 1999, S. 217 ff.

ralbezogenen Menschenrechte ein universales Strafrecht zu begründen und zu gestalten, haben die Gemeinsamkeit, dass sie keine gegenseitige Anerkennung der Geltung bekommen. Deswegen haben sie das Risiko, in Bezug auf Werte, die Moral oder die Regeln der Gestaltung der Identität das Strafrecht zu erweitern. Indes kann der Versuch, durch grundinteressenbezogene Menschenrechte ein u-niversales Strafrecht zu begründen und zu gestalten, den Geltungsbereich auf den Kernbereich beschränken. Werte sind nicht universal für alle Menschen und alle Kulturen, sondern ihre Geltung hängt manchmal von dem jeweiligen Menschen und der jeweiligen Kultur ab. Im Gegensatz zu Werten kann Grundinteresse kulturinvariant universal für alle sein. Allerdings haben einige Werte oder Moral auch universale Geltung.

Außerdem liegt es auf der Hand, dass Werte oder Moral kein Gegenstand eines universalen Strafrechts sind, wenn man über den Charakter des Strafrechts nachdenkt. Das kann man durch Vergleich zwischen einem Hilfsgesetz und dem Strafrecht erfahren. Man muss nämlich in Bezug auf das Thema „gerechte internationale Ordnung" zwischen einem Hilfsgesetz und dem Strafrecht unterscheiden. Ich bin der Auffassung, dass der Mensch nur die Möglichkeit zur Hilfe hat. Diese Möglichkeit zur Hilfe kann man fordern, indem man ein Gesetz verabschiedet mit dem Inhalt, dass die entwickelten Länder anderen Menschen in armen Ländern helfen sollen. In diesem Fall ist der Zwang zur Hilfe für gerechte internationale Ordnung sogar nötig. Aber das Strafrecht ist kein Hilfsgesetz. Man muss nicht nur die Universalität für alle, sondern auch den Charakter des Strafrechts als »ein sehr starkes Mittel« berücksichtigen. Man muss auch das Risiko des Mißbrauchs beachten, indem das Strafrecht als Mittel der Stärkeren benutzt wird. Deswegen muss man bei dem universalen Strafrecht mit dem Kriterium »direktes Interesse aller Menschen« die Universalität stellen und seinen Anwendungsbereich auf den Kernbereich dieses Interesses beschränken.

Mit diesen kurzen Befassungen hoffe ich, dass man *einen kleinen Blick* auf das universale Strafrecht erhalten konnte. Allerdings kann die Begründung des universalen Biostrafrechts anders als diese kurze Befassungen mit dem universalen Strafrechts sein.

5. Kapitel
Biostrafrecht ohne Menschenwürde bei der Stammzellenforschung

In diesem Kapitel werde ich auf die Möglichkeit des Biostrafrechts *ohne* Menschenwürde bei der Stammzellenforschung eingehen. Zuerst werde ich die Begründung des Biostrafrechts *mit* der Menschenwürde bei der Stammzellenforschung beobachten und kritisieren. Besonders unter dem erweiterten Menschenwürdebegriff schützt das Biostrafrecht die Menschenwürde des Embryos *in vitro*, das Menschenbild und die Gesellschaft vor „Gefahr, Risiko und Unsicherheit der Stammzellenforschung". In dieser Hinsicht wird das Embryonenschutzgesetz in Deutschland als Menschenwürdeschutzgesetz angesehen.
Aber wenn man das Biostrafrecht *nur* aus der Dimension der Menschenwürde beobachtet, verpasst man notwendige Diskussionen für die konkreten Biostrafrechtsbegründungen und analysiert die verschiedenen, konkreten Charakteristika des Biostrafrechts nicht genau. Hier werde ich die anderen Charakteristika des Biostrafrechts in Bezug auf Menschenbildschutz (Gattungsidentitätsschutz), Orientierungssicherheit, Kultur und Risikostrafrecht erwähnen.

I. Biostrafrecht als Menschenwürdeschutzgesetz?

Bei der konkreten Regelung der Stammzellenforschung sind die Frage nach dem Geltungsgrund der Verbotsnormen und die Antwort darauf das zentrale Problem der Biostrafrechtsbegründung. Bei der Biostrafrechtsbegründung kann man ein besonderes Phänomen beobachten. In der Biostrafrechtsbegründung bei der Stammzellenforschung wird die normative Folgerung direkt aus der Menschenwürde gezogen. Hier wird das Menschenwürdeargument viel zu häufig und viel zu schnell verwendet, und das macht die Konkretisierung der Legitimität des Biostrafrechts schwierig. Die Biostrafrechtsbegründungen sind in der Literatur direkt oder indirekt mit der Menschenwürde verbunden. Dabei wird das Biostrafrecht als Menschenwürdeschutzgesetz betrachtet. Wenn der Embryo *in vitro* der Träger der Menschenwürde ist, hat das Biostrafrecht (Bioschutzstrafrecht) wie das Embryonenschutzgesetz den Auftrag, das menschliche Leben des Embryos *in vitro* durch die Menschenwürde zu schützen. Außerdem übernimmt das Biostrafrecht als Menschenwürdeschutzgesetz den Normschutz des Menschenbildes und den Schutz der Gesellschaft vor der Gefahr (Risiko) des Klonens.
Bisher (§§ 2 bis 4) habe ich aber versucht, die Anwendung der Menschenwürde auf einen möglichst engen Bereich zu beschränken und damit die Stammzellen-

82

forschung mit der Menschenwürde nicht zu regulieren, indem die Absolutheit der Menschenwürde mit dem Kriterium »Universalisierbarkeit« überprüft wird. Dabei habe ich die Biologisierung und die Ontologisierung der Menschenwürde bei der Stammzellenforschung analysiert. Nach der bisherigen Analyse nimmt die Menschenwürde bei der Stammzellenforschung *die rein deskriptive (biologische), die rein normative (idealistische) und die substanzontologische Dimension* ein. Gleichzeitig vertrete ich die Meinung, nach der die Menschenwürde des Embryos *in vitro* mit der Homo-sapiens-Charakteristik begründet wird, die Meinung, nach der die Menschenwürde des Embryos *in vitro* mit der Humanum-Charakteristik (Selbstachtung, Moralvermögen, Vernunftbegabung) begründet wird und die Meinung, nach der das Leben des Embryos *in vitro* und das bestimmte Menschenbild mit der Menschenwürde als höchstem Wert betrachtet wird, kritisiert[203].

Die Kritik an der Koppelung zwischen dem Leben des Embryos *in vitro* und der Menschenwürde gilt auch bei der Kritik an der Wertbegründung des Biostrafrechts als Menschenwürdeschutzgesetz[204]. Hier werde ich die Kritik der Wertbegründung des Rechts von Ernst-Wolfgang Böckenförde[205] auf die Wertbegrün-

---

[203] Siehe dazu oben 2. Kapitel, II und 3. Kapitel, III.

[204] Bei der Wertbegründung des Biostrafrechts kann man sehen, dass die Menschenwürde als Rechtsgut funktioniert. Die Bezeichnung der Menschenwürde als Rechtsgut wird verschiedentlich kritisiert. Die erste Kritik betrifft die Frage, ob die Menschenwürde als Rechtsgut anerkannt werden kann (Dazu Hilgendorf, Klonverbot und Menschenwürde – Vom Homo sapiens zum Homo xerox? Überlegung zu § 6 Embryonenschutzgesetz, in: FS für Maurer zum 70. Geburtstag, 2001, S. 1158 ff), und die zweite Kritik betrifft die Frage, ob die Menschenwürde durch das Strafrecht gefährdet wird (Dazu Prittwitz, Schutz der Menschenwürde – durch das Strafrecht oder vor dem Strafrecht?, in: Prittwitz/Manoledakis (Hrsg.), Strafrecht und Menschenwürde, 1998, S. 19 ff). Die dritte Kritik betrifft die Frage, ob das Strafrecht durch die Menschenwürde gefährdet wird (Dazu Neumann, Strafrechtlicher Schutz der Menschenwürde zu Beginn und am Ende des Lebens, in: Prittwitz/Manoledakis (Hrsg.), Strafrecht und Menschenwürde, 1998, S. 51 ff). Bei der Begründung des Biostrafrechts mit dem Wert „Leben", der sowohl als Menschenwürde als auch als Rechtsgut des Biostrafrechts betrachtet wird, geht es um die dritte Kritik (Neumann, aaO, S. 52).

[205] Ernst-Wolfgang Böckenförde stellt in seinem Aufsatz „Zur Kritik der Wertbegründung des Rechts" die Kernaussage der Wertbegründung des Rechts klar (Böckenförde, Zur Kritik der Wertbegründung des Rechts, in: ders., Recht, Freiheit, Staat, 1991, S. 67 ff). Um diese Wertbegründung des Rechts zu kritisieren, analysiert er den Inhalt und die Folgen des Wertdenkens. „Diese Analyse von Inhalt und Folgen des Wertdenkens weckt ernste Zweifel an der Möglichkeit einer Wertbegründung des Rechts (aaO, S. 81)." Bei der Analyse von Inhalt und Folgen des Wertdenkens geht es vor allem um die Analyse der Seinsweise und der Rang- und Stufenordnung der objektiven Werte. Beim objektiven Wertdenken der Wertphilosophie von Max Scheler und Nicolai Hartmann bestehen Werte »an sich«, d.h. unabhängig vom erfassenden Akt des Subjekts und »ideal«, d.h. unabhängig von Raum und Zeit (aaO, S. 73). Die Werte der objektiven Wertordnung sind nicht, sondern sie gelten (aaO, S. 75). Nach dem objektiven Wertdenken gelten die Werte nicht nur unabhängig vom sie erfassenden

dung des Biostrafrechts als Menschenwürdeschutzgesetz anwenden. Aber man muss sich klarmachen, dass er *meines Erachtens* seine Kritik der Wertbegründung des Rechts auf das Biostrafrecht nicht anwendet. Dabei kann man sehen, dass der entscheidende Punkt darin liegt, ob und wie der Embryo *in vitro* außerhalb der Wertbegründung unter das normative Prinzip der Menschenwürde umfasst werden kann. In seinem Aufsatz „Menschenwürde als normatives Prinzip" sucht Böckenförde die Antwort auf die Frage nach Haltepunkten und Orientierungen im Hinblick auf die Art und Weise und die Grenzen der Biomedizin und der Biotechnologie in Art. 1. Abs. 1 GG[206]. Er setzt sich mit dem Verfassungstext den Differenzierungsversuchen entgegen, die mit der Personenwürde die Schutzbereiche der Menschenwürde eingrenzen [207]. Außerdem begründet er den Beginn des menschlichen Lebens mit der Befruchtung mit dem Programmargument ähnlich der Meinung von Christian Starck[208]. Er hält aus oben genannten Gründen die Erstreckung der Anerkennung und Achtung der Menschenwürde als verbindliches normatives Prinzip auf den Embryo *in vitro* als notwendig[209]. Aber der Embryo *in vitro* ist nach meinen bisherigen Analysen kein Träger der Menschenwürde und des Lebensrechts, obwohl er die Potentialität zum Individuum hat[210]. Dieter Birnbacher formuliert in Bezug auf menschliche Embryonen die Menschenwürde im schwachen Sinne[211]. Mir scheint sich der Wert des menschlichen frühesten Lebens (die Potentialität des Embryos *in vitro*) *mit der Menschenwürde als höchstem Wert oder mit der Wertbegründung des Biostrafrechts* zu erhöhen. Wir brauchen keine Wertbegründung des embryonalen Lebens als Menschenwürde, sondern eine angemessene Wertbegründung mit der Abwägung verschiedener Werte.

Akt des Subjekts und von Raum und Zeit, sondern in der Werthierarchie (aaO, S. 77). Aber nach dem subjektiven Wertdenken liegt sowohl der Grund der Wertgeltung als auch die Ranghöhe der Werte in der subjektiven Anerkennung (aaO, S. 79). Nachdem Böckenförde die Seinsweise und die Rang- und Stufenordnung der objektiven Werte kritisch betrachtet hat, kritisiert er die Wertbegründung des Rechts (aaO, S. 81 ff). Dabei nennt er zahlreiche Werte: Leben, Freiheit, Gleichheit, Gerechtigkeit, Leistung, Sicherheit (aaO, S. 83). Als Ergebnis der Wertbegründung des Rechts betont er das Zurücktreten rationaler Argumentation (aaO, S. 82) und die Bedrohung sittlicher Freiheit durch das Recht (aaO, S. 83).

[206] Böckenförde, Menschenwürde als normativer Prinzip, JZ 2003, S. 810.

[207] Böckenförde, aaO, S. 811.

[208] Böckenförde, aaO, S. 811 f; Starck, Verfassungsrechtliche Grenzen der Biowissenschaft und Fortpflanzungsmedizin, JZ 2002, S. 1067 ff. Siehe dazu oben 2. Kapitel, I.

[209] Böckenförde, aaO, S. 811 ff.

[210] Siehe dazu oben 2. Kapitel, II.

[211] Siehe dazu oben 2. Kapitel, III.

Man betrachtet auch „das Risiko und die Unsicherheit der Stammzellenforschung" mit der Menschenwürde. Die Probleme der Legitimation mit „dem Risiko und der Unsicherheit" als Menschenwürdeverletzung kann man im Folgenden zusammenfassen.

Erstens wird im Hinblick auf die Bewertung der modernen Hochtechnologie der Aspekt „des Risikos und der Unsicherheit" nicht konkret herausgearbeitet und durch das Menschenwürdeargument verhüllt. Das Menschenwürdeargument eskaliert mit der Zunahme der Risiken im Hinblick auf die Risikogesellschaft, die als unsere Gesellschaft bezeichnet wird. In Bezug auf die Risikogesellschaft liegt ein Grund der Inflation des Menschenwürdearguments darin, dass die von Wissenschaft und Technik hervorgerufenen Risiken durch den Umgang mit Risiken und Ungewissheiten geprägt sind. Die technologische Entwicklung führt nicht nur zu einem Anschwellen der Risiken, sondern auch zu einem Anschwellen der Ungewissheiten. Besonders beim therapeutischen Klonen ist es viel schwieriger als in anderen Bereichen, zu erkennen, wo Ungewissheiten enden und Risiken beginnen. Sowohl die Gleichsetzung von Leben und Menschenwürde als auch die Gleichsetzung von Risikozunahme, Unsicherheitszunahme und Menschenwürdeverletzung führen zur Inflation des Menschenwürdearguments. Ohne Kritik an der Verbindung zwischen Risiko, Unsicherheit und Menschenwürde ist die genaue Analyse des Risikos und der Unsicherheit nicht möglich.

Zweitens werden im Hinblick auf die Rechtfertigung des Biostrafrechts konkrete Legitimationsversuche für die Anwendung des Biostrafrechts durch das Menschenwürdeargument ersetzt, das zwischen Risiko, Unsicherheit und Menschenwürde verbindet. Um die Anwendung des Strafrechts auf Risiken zu legitimieren, die die moderne Hochtechnologie mit sich bringt, muss man angemessene Rechtfertigungsgründe finden, wie das moderne Biostrafrecht mit der Identität der Gattungsgesellschaft, Risikominimierung und Sicherheitsvermittlung legitimiert wird. Besonders beziehen sich moderne Risiken auf Universalrechtsgüter und Gefährdungsdelikte, deren Legitimation sehr umstritten ist und die Legitimationsdebatte nicht beendet ist.

Allerdings kann die Menschenwürde mit dem Aspekt „Gefahr, Risiko und Unsicherheit der Stammzellenforschung" verbunden sein, beide sind jedoch nicht gleich. Die Menschenwürde ist nur der wichtigste Teil von drei Begriffen. Aber beim Biostrafrecht fungiert die Menschenwürde als »Megabegriff«, der nicht nur die Gattungswürde, sondern auch die Begriffe „Risikominimierung und Sicherheitsvermittlung" umfasst. Darin liegt meines Erachtens ein großes Problem[212].

---

[212] „Die Ausweitung des Tatbestandes der Menschenwürde auf Sachgehalte, die hinreichend durch sonstige selbstständige Grundrechte, wie etwa des Rechts auf Leben und körperliche Unversehrtheit,

Paradoxerweise kann man mit dem Biostrafrecht als Menschenwürdeschutzstrafrecht nicht festhalten, welche Risiken und Unsicherheiten die Menschenwürdeverletzungen konstituieren. Außerdem macht die Behauptung der Menschenwürdeverletzung ohne Begründung der Menschenrechtsverletzung die Analyse des Gestaltungsspielraums der staatlichen Schutzpflicht schwierig. Bis jetzt betrachtet man das Biostrafrecht vor der »Menschenwürde«. Unter dem großen Wort „Menschenwürde" konnte man sich nicht trauen, das Biostrafrecht von einem anderen Standpunkt zu sehen. Der Einfluss des Menschenwürdearguments beim Biostrafrecht ist so ausgeprägt, dass die verschiedenen, konkreten Charakteristika des Biostrafrechts nicht genau analysiert werden. Das führt dazu, dass notwendige Diskussionen für die konkreten Normbegründungen fehlen.

II. Embryonenschutzgesetz als universales Menschenwürdeschutzgesetz?

Um das Biostrafrecht als das Menschenwürdeschutzgesetz zu begründen, muss man das Biostrafrecht als universales Strafrecht beweisen, weil die Menschenwürde nicht den kulturellen, sondern den universalen Geltungsanspruch erhebt, der alle Menschen und alle Kulturen betrifft (*Zum universalen Strafrecht siehe oben 4. Kapitel, III*). In Bezug auf das Biostrafrecht als universales Strafrecht werde ich hier die konkrete Frage stellen, ob das Embryonenschutzgesetz als das Menschenwürdeschutzgesetz in Deutschland ein *universales* Biostrafrecht sein kann.

Das Embryonenschutzgesetz in Deutschland verbietet die Herstellung oder Verwendung von Embryonen zu einem anderen Zweck als dem, eine Schwangerschaft herbeizuführen. Es wird bestraft, wenn man einen extrakorporal erzeugten oder eine Frau vor Abschluss seiner Einnistung in der Gebärmutter entnommenen menschlichen Embryo veräußert oder zu einem nicht seiner Erhaltung dienenden Zweck abgibt, erwirbt oder verwendet und man zu einem anderen Zweck als der Herbeiführung einer Schwangerschaft bewirkt, dass sich ein menschlicher Embryo extrakorporal weiterentwickelt (§ 2 Abs. 1 u. 2 ESchG). Daneben sind die Geschlechtswahl (§ 3), eigenmächtige Befruchtung, eigenmächtige Embryo-

---

erfasst werden, muss mit Skepsis betrachtet werden – zumal im einzelnen Anwendungsfall die Nähe des konkreten Sachverhalts zur absoluten Respektzone der Menschenwürde auslegungsmäßig durchaus zum Ausdruck gelangen kann – wie dies etwa in der ebenso beliebten wie sphinxhaften Formel der Judikatur hindurchschimmert, wonach das jeweils gegebene konkrete Grundrecht »in Verbindung mit« Art. 1 Abs. 1 GG zu lesen sei (Lerche, Verfassungsrechtliche Aspekte der Gentechnologie, in: Lukes/Scholz (Hrsg.), Rechtsfragen der Gentechnologie, 1986, S. 104).

86

übertragung und künstliche Befruchtung nach dem Tod (§ 4), künstliche Veränderung menschlicher Keimbahnzellen (§ 5) und Chimären- und Hybridbildung (§ 7) verboten und unter Strafe gestellt. Wer in Deutschland versucht, einen Embryo mit der gleichen Erbinformation wie ein anderer Embryo, ein Fötus, ein Mensch oder ein Verstorbener zu klonen, wird bestraft (§ 6 Abs. 1 ESchG). Durch die Behauptung der Menschenwürde des Embryos *in vitro* als absoluten Wert durch die Erweiterung des Moralvermögens als Geltungsgrund der Menschenwürde auf den Embryo *in vitro*, durch die Erweiterung des moralbezogenen Lebensrechts auf den Embryo *in vitro* und durch den Schutz der Identität der Gattungsgemeinschaft, behauptet man die Geltung des Embryonenschutzgesetzes als ein universales Biostrafrecht.

Das Embryonenschutzgesetz ist *meines Erachtens* aber kein universales Biostrafrecht als Menschenwürdeschutzgesetz, sondern ein kulturelles Strafrecht, das unter dem Einfluss der Identität der Gesellschaft in Deutschland liegt. Dafür kann man drei Gründe nennen: die ideal-orientierte Argumentationsweise in Deutschland, die Eugenikgeschichte in Deutschland und das Konzept des Grundgesetzes, nach dem die Menschenwürde als höchster Wert und die Grundgesetzordnung als objektive Wertordnung angesehen wird.

Der *erste* Grund ist die ideal-orientierte Argumentationsweise in Deutschland. Dieter Birnbacher unterscheidet im Anschluss an den englischen Politiktheoretiker Brian Barry (Political Argument, 1965) zwischen den »bedürfnis-orientierten (want-regarding)« Argumenten und den »ideal-orientierten (ideal-regarding)« Argumenten[213]. Das Argument mit der Menschenwürde ist ein gutes Beispiel des „ideal-orientierten (ideal-regarding)" Arguments und die Normbegründung durch die abstrakte Menschenwürde ist ein gutes Beispiel der Normbegründung mit dem „ideal-orientierten (ideal-regarding)" Argument. Beim Biostrafrecht wie dem Embryonenschutzgesetz spielt die Menschenwürde eine entscheidende Rolle. Ein Beispiel, das sich nicht auf die „bedürfnis-orientierte (want-regarding)" Argumentation, sondern sich auf die „ideal-orientierte (ideal-regarding)" Argumentation beruft, kann man beim normativ besetzten Menschheitsbegriff sehen.

Der *zweite* Grund ist die Eugenikgeschichte in Deutschland. Aus der gemeinsamen schlechten Erfahrung resultiert die Abscheu vor der Forschung mit der

---

[213] Birnbacher, Ethische Probleme der Embryonenforschung, in: Beckmann (Hrsg.) Fragen und Probleme einer medizinischen Ethik, 1996, S. 232 ff; ders., Embryonenforschung – erlauben oder verbieten?, in: Neumann/Schulz (Hrsg.), Verantwortung in Recht und Moral, ARSP Beiheft 74, 1998, S. 159 ff.

Menschengattung. Die Anerkennung der Menschenwürde und des Lebensrechts des Embryos *in vitro* steht meines Erachtens mit der Eugenikgeschichte in Deutschland in einem engen Zusammenhang. Die Tatsache, dass der Embryo *in vivo* durch „die Pille danach" nicht geschützt wird, während beim Embryo *in vitro* die Forschung absolut verboten ist, ist eine Ausprägung dieser Ressentiments.

Der *dritte* Grund ist der Grundgedanke des Grundgesetzes. Das Konzept des Grundgesetzes, nach dem die Menschenwürde als höchsten Wert und die Grundgesetzordnung als objektive Wertordnung angesehen wird, ist nach dem zweiten Weltkrieg geschaffen worden. Meines Erachtens hat das Konzept der »objektiven Wertordnung« keine universale Geltung[214].

III. Biostrafrecht in Bezug auf Menschenbildschutz (Gattungsidentitätsschutz)

Als absoluten Schutz des Embryos *in vitro* wird das absolute Verbot der verbrauchenden embryonalen Stammzellenforschung gestellt. Aber um den Embryo *in vitro* absolut zu schützen, muss man nicht nur die Entstehung des überzähligen Embryos *in vitro* stoppen, sondern auch die verwaisten Embryonen implantieren. Aber niemand nimmt die Übertragung der verwaisten Embryonen ernst. Daraus lässt sich folgern, dass der Grund des absoluten Verbots der Embryonenforschung nicht von dem Ernstnehmen der Menschenwürde und des Lebensrechts des Embryos *in vitro*, sondern von der Abscheu vor der Forschung mit der Menschengattung kommt: Die Forschung mit der Menschengattung verletzt unser Menschenbild. Das Biostrafrecht steht deswegen vor einer Aufgabe, dass es nicht aufgrund der Menschenwürde und des Lebensrechts des Embryos *in vitro*, sondern aufgrund des Menschenbildschutzes, bzw. aufgrund der Erhaltung der Norm der Gattungsgesellschaft die Embryonenforschung verbieten muss oder kann. Das Problem liegt meines Erachtens darin, dass der Begriff der unabwägbaren Menschenwürde bei der Stammzellenforschung den Schutz des Menschenbildes umfasst[215]. Das Menschenwürdeargument wird zu schnell ge-

---

[214] Siehe dazu oben 3. Kapitel, III.
[215] Reinhard Merkel nennt als die Normenschutzerwägungen bei der Embryonenforschung den symbolischen Schutz der wesentlichen Konturen unseres Menschenbildes, der mit dem rein objektiv-rechtlichen Gehalt des Menschenwürdesatzes verbindet (Merkel, Forschungsobjekt Embryo, 2002, S. 188). Diese Bewertung nach Merkel ist meines Erachtens richtig, weil er bei den Normenschutzerwägungen vor allem vor den erheblichen Inkonsistenzen warnt und den Schutz der fundamentalen Prinzipien gegen die Zumutung offener Inkonsistenzen betont (aaO, S. 187).

führt, um den Charakter des Biostrafrechts als Menschenbildschutzgesetz zu analysieren.

Eine Möglichkeit des Biostrafrechts *ohne* Menschenwürde beruht deshalb auf der Unterscheidung zwischen der Menschenwürde und dem Menschenbildschutz. Das Biostrafrecht ist zwar kein Menschenwürdeschutzgesetz, aber kann Menschenbildschutzgesetz sein. Hier geht es um die Frage, inwieweit das Biostrafrecht als Norm des Menschenbildschutzes oder des Schutzes des Gattungsselbstverständnisses begründet werden kann. Besonders die Frage, wie und inwieweit das Biostrafrecht im Zusammenhang mit dem Selbstverständnis der Gattung *normativ* begründet werden kann, ist einer der wichtigsten Aspekte der Biostrafrechtsbegründung. Beim Versuch, das Biostrafrecht *ohne* Menschenwürde zu begründen, umfasst die Menschenwürde nicht den Schutz der Gattungsidentität.

An dieser Stelle werde ich die Meinung von Jürgen Habermas betrachten, wobei ich den Aspekt »Schutz der Identität der Gattung« nur in Verbindung mit der Embryonenforschung betrachte. Jürgen Habermas unterscheidet in seinem Buch „Die Zukunft der menschlichen Natur" die Unverfügbarkeit des vorpersonalen menschlichen Lebens von der Unantastbarkeit der Menschenwürde[216]. Zum einen verneint er die Anwendung des Menschenwürdearguments auf die Embryonenforschung und PID, indem er die Unantastbarkeit der Menschenwürde als Relationsbegriff versteht, die allein in den interpersonalen Beziehungen reziproker Anerkennung, im egalitären Umgang von Personen miteinander eine Bedeutung haben kann[217]. Zum anderen ist er der Meinung, dass »Unverfügbarkeit« nicht nur das, was Menschenwürde hat, ist[218]. Deswegen versucht er, sich der »Unverfügbarkeit« aus einer anderen Perspektive »dem angemessenen ethischen Selbstverständnis der Gattung« anzunähern. Er verbindet also die soziale Bedeutung des Umgangs mit dem Embryo nicht mit der Menschenwürde, sondern mit unserem Selbstverständnis als Gattungswesen. Er erklärt das Thema des angemessenen Selbstverständnisses der Gattung mit dem Unterschied zwischen dem »moralischen« und »ethischen« Bereich des Normbegründungsdiskurses. Während der Satz »Andere Kulturen, andere Sitten« bei den ethischen Fragen gilt, gilt er bei den moralischen Fragen nicht. Er verbindet die Moral mit dem Selbstverständnis der Gattung, mit dem er nicht über das Gute, sondern über das Richtige begründet. „Es geht nicht um die Kultur, die überall anders ist, sondern um das Bild, das sich verschiedene Kulturen von »dem« Menschen machen, der

---

[216] Habermas, Die Zukunft der menschlichen Natur, 2001, S. 56 ff.
[217] Habermas, aaO, S. 62.
[218] Habermas, aaO, S. 59.

Bild, das sich verschiedene Kulturen von »dem« Menschen machen, der überall – in anthropologischer Allgemeinheit – derselbe ist[219]." Die Technisierung der Menschennatur bedroht das normative Selbstverständnis selbstbestimmt lebender und verantwortlich handelnder Personen[220]. Habermas beschäftigt sich weiter im vierten Kapitel „Das Gewachsene und das Gemachte" mit dem gattungsethischen Selbstverständnis, im fünften Kapitel „Instrumentalisierungsverbot, Natalität und Selbsteinkönnen" und im sechsten Kapitel „Moralische Grenzen der Eugenik" mit dem Selbstverständnis einer genetisch programmierten Person. Die liberale Eugenik nennt Habermas eine Praxis, die Eingriffe in das Genom der befruchteten Eizelle dem Ermessen der Eltern überlässt[221] und versucht im Hinblick auf die liberale Eugenik die Grenzen der Gentechnologie zu ziehen[222].

Hier werde ich folgende zwei Fragen stellen. Meine (kurze) *erste* Frage ist, ob der Kernmoralbereich bei der Stammzellenforschung mit der Diskursethik erklärt werden kann. Es ist zwar notwendig, bei der Normbegründung die Perspektive der betroffenen Personen (Embryo als zweite Person) zu übernehmen (ideale Rollenübernahme), aber das erscheint mir *utopisch*. Die ideale Rollenübernahme passiert manchmal nicht im realen Normbegründungsdiskurs. Sie kann nur als *regulative Idee* die Rolle spielen, mit der man die Realität der Normbegründung kritisieren kann.

Meine *zweite* Frage ist, inwieweit die Embryonenforschung mit der liberalen Eugenik zu tun hat. Wie Habermas gesagt hat, kann man das moralische Argument, das Habermas gegen die liberale Eugenik ins Feld geführt hat, jedenfalls nicht auf direkte Weise auf die Embryonenforschung anwenden, weil die Embryonenforschung nicht auf eine Geburt abzielt und nicht mit der klinischen Einstellung gegenüber einer künftigen Person zu tun hat [223]. Die Frage, inwieweit die Embryonenforschung mit der liberalen Eugenik zu tun hat, stellt auch Ludwig Siep in seinem Aufsatz „Moral und Gattungsethik"[224]. Mir ist die Erklärung der Deutung der Embryonenforschung mit dem Risiko der liberalen Eugenik nicht plausibel. Die Embryonenforschung hat nicht auf direkte Weise mit der liberalen Eugenik, sondern mit dem Selbstverständnis der Gattung zu tun. Der Zusammenhang zwischen der Embryonenforschung und dem Selbstverständnis der Gattung hängt davon ab, wie man das Selbstverständnis der Gattung definiert.

---

[219] Habermas, aaO, S. 72.
[220] Habermas, aaO, S. 74 ff.
[221] Habermas, Replik auf Einwände, in: DZPhil (2002) 2, S. 285.
[222] Habermas, Die Zukunft der menschlichen Natur, 2001, S. 103 f.
[223] Habermas, aaO, S. 120; ders., Replik auf Einwände, in: DZPhil (2002) 2, S. 297.
[224] Siep, Moral und Gattungsethik, in: DZPhil (2002) 1, S. 116.

Die Embryonenforschung ist *meines Erachtens* mit der Technisierung der Menschennatur nicht verbunden, die das normative Selbstverständnis lebender und verantwortlich handelnder Personen ist. Vielmehr ist sie mit dem »Menschenbild« verbunden, nach dem die Menschgattung als Mittel des Experiments nicht benutzt werden muss. Aber das Problem liegt darin, dass die Bewertung der Instrumentalisierung des vorpersonalen Lebens von der Bewertung des vorpersonalen Lebens abhängt. Und die Stärke der Abscheu vor der verbrauchenden embryonalen Stammzellenforschung hängt auch von der Bewertung des vorpersonalen Lebens ab. Die Bewertung der Instrumentalisierung des vorpersonalen Lebens ist nach der Bewertung des vorpersonalen Lebens anders. Ludwig Siep ist der Meinung, dass graduelle Konzeptionen des Status des vorgeburtlichen Lebens als absolute plausibler sind[225]. Die Frage, ob und inwieweit die Embryonenforschung, also die Instrumentalisierung des menschlichen Gattungswesens die Gattungsethik als Identität der Gattungswesen verletzen kann, kann man nicht mit der Gattungswürde als Menschenwürde im starken Sinne oder auf direkter Weise mit der liberalen Eugenik antworten. Stattdessen nimmt Habermas den Umweg über das Dammbruchargument oder das slippery-slope Argument[226]. Auf indirekte Weise mit dem slippery-slope Argument begründet Habermas aber weiter, dass die verbrauchende Embryonenforschung als eine Exemplifizierung der Gefahren einer auf uns zukommenden liberalen Eugenik ist[227].

Nach Reinhard Merkel hängt aber die Plausibilität des „slippery-slope (schiefen Bahn)" Arguments aber von der Richtigkeit ihrer empirischen Annahmen und der Plausibilität der Prognosen, die sie daraus ableiten, ab[228]. Um die Richtigkeit ihrer empirischen Annahmen und die Plausibilität der Prognosen, die sie daraus ableiten, zu überprüfen, analysiert er drei Versionen des slippery-slope Arguments, indem er zwischen der begrifflichen (oder logischen) schiefen Bahn, der schiefen Bahn nach einem Präzedenzfall und der kausalen (oder empirischen) schiefen Bahn unterscheidet[229]. Merkel fragt sich besonders bei der kausalen (oder empirischen) schiefen Bahn, ob und wie erfahrungsmäßige Zusammenhänge empirisch bewiesen werden können, aus denen bestimmte negative Prognosen

---

[225] „Wichtiger scheint mir, die Stadien des menschlichen Lebens zwischen Befruchtung und Geburt zu bestimmen und ihnen auf überzeugende Weise Schutznormen zuzuordnen (Siep, aaO, S. 119)."
[226] Siep, aaO, S. 119.
[227] Habermas, Replik auf Einwände, in: DZPhil (2002) 2, S. 297.
[228] Merkel, Forschungsobjekt Embryo, 2002, S. 199 f.
[229] Merkel, aaO, S. 200 ff.

abgeleitet werden[230]. Zuerst fasst er die negative Auswirkung der Stammzellenforschung zusammen: „Negative Veränderung unseres Menschenbildes durch die
»Instrumentalisierung« oder »Funktionalisierung menschlichen Lebens«; und
deshalb, zweitens: Verringerung des Respekts vor menschlichem Leben überhaupt – mit unabsehbaren weiteren Auswirkungen[231]."

Vielleicht kann das slippery-slope Argument aber nur die Funktion haben, die
Befürchtung vor der schnellen Entwicklung der Biotechnologie und der Abscheu
vor der Forschung mit der Menschengattung mit der Betonung des »slippery-
slope« Effektes ohne einen konkreten Beweis zu verstärken. Das slippery-slope
Argument benutzt das Unsicherheitsgefühl, indem es den Effekt »slippery-slope«
betont. Der Beweis des/der Risiko/Gefahr wird durch die Behauptung des Ef-
fekts „slippery-slope" ersetzt. Es ist fast unmöglich, die Unkontrollierbarkeit des
Risikos der modernen Biotechniken auf direkte Weise zu beweisen. Dementsprechend kann man das Phänomen erkennen, dass die Sinnhinzufügung mit der
Risikominimierung schnell durch die mit der Sicherheitsvermittlung (Unsicher-
heitsbeseitigung) der Menschen ersetzt wird, weil die Behauptung mit dem Paarbegriff Risiko/Sicherheit leichter als die mit dem Paarbegriff Risiko/Gefahr ist.
Aus diesem Grund neigt man zum einen zum slippery-slope (schiefen Bahn) Argument, um die Grenzen der modernen Biotechniken zu bestimmen. Dieses Problem bezeichnet Reinhard Merkel als das Hauptproblem des „slippery-slope
(schiefen Bahn)" Arguments. „In ihrer Grobheit überrollen sie gewissermaßen
das Terrain der Probleme. Horrorszenarien wie die so projizierten findet jeder
abscheulich. Das ist ein probates Mittel, die notwendigen Unterscheidungen un-
kenntlich zu machen[232]."

In meinen Augen ist die Verbindung zwischen der Verdinglichung des Embryos
in vitro und der Verletzung der Gattungsidentität mit dem „slippery-slope" Argument unplausibel. Vielmehr sollte man fragen, ob die Verdinglichung des vorpersonalen Lebens direkt (ohne Hilfe des slippery-slope Arguments) als Verletzung der Gattungsidentität bezeichnet werden kann. Meines Erachtens verletzt
die Stammzellenforschung mit überzähligen Embryonen für hochrangige medizinische Zwecke die Gattungsidentität nicht[233]. Wir müssen zwar mit dem As-

---

[230] Merkel, aaO, S. 201 f.
[231] Merkel, aaO, S. 204.
[232] Merkel, aaO, S. 206.
[233] Die Frage, ob das therapeutische Klonen (Klonen zur Entwicklung von möglichen Therapien
schwerer Krankheiten) die Gattungsidentität verletzt und deswegen mit dem stark regulatorischen
Biostrafrecht reguliert werden muss, stellt man weniger als die Frage, ob es die Menschenwürde verletzt. Meines Erachtens muss man nicht die Frage, ob das therapeutische Klonen die Menschenwürde

92

pekt »Selbstverständnis der Gattung« die Begründung und die konkrete Gestaltung des Bio(straf)rechts ernst nehmen, aber dieser Aspekt kann mit dem „slippery-slope (schiefen Bahn)" Argument erweitert werden. Der Aspekt des Selbstverständnisses der Gattung wird meines Erachtens auf *die mögliche Erzeugung von Mischwesen aus Mensch und Tier und dem reproduktiven Klonen* beschränkt. Die Erosion der Normen ohne den konkreten Beweis scheint mir problematisch zu sein.

IV. Biostrafrecht in Bezug auf Orientierungssicherheit

Die gesellschaftsidentitätsbestimmenden Normen werden als Kriterien des konkreten Strafrechts von einigen Wissenschaftlern, zum Beispiel von Günther Jakobs und Bernd J.A. Müssig vorgeschlagen. Der Hintergrund dieser Begründung ist, dass die Normativität in der modernen Gesellschaft nicht von Natur aus besteht, sondern über gesellschaftlichen Sinn konstituiert wird.
Bernd J.A. Müssig formuliert die Funktion und die Aufgabe des Strafrechts aus gesellschaftstheoretischer Perspektive, indem er die kommunikative Konstitution von Gesellschaft und Rechtssystem betont[234]. Indem er die Verbindung der sozialen Funktion von Strafrecht in der Gesellschaft mit den Identitätskriterien der konkreten Gesellschaft betont[235], sieht er die strafrechtliche Legitimationsproblematik gleichzeitig als eine Frage der konkreten Gestalt einer Gesellschaft und als eine Frage der Identität einer Gesellschaft an. „Bezugspunkt bzw. Orientierungsmuster sind die normativen Kriterien der Identität einer Gesellschaft, d.h. die grundlegenden Muster der gesellschaftlichen Selbstbeschreibung. Legitimation von Strafrechtsnormen meint somit einen Prozess, in dem die soziale Funktion der strafrechtlich garantierten Verhaltensnorm vor dem Hintergrund der Identitätskriterien der Gesellschaft reflektiert wird[236]."
Auch nach Günther Jakobs bestimmt sich die Identität der Gesellschaft über die Regeln der Gestaltung, also über Normen und nicht über Zustände oder Güter[237]. Bei den Normen handelt es sich um keine Feststellung eines Zustandes, sondern um die Gestaltung der Identität der Gesellschaft. Für Jakobs ist das Strafrecht ein

verletzt, sondern in Bezug auf das Risiko der menschlichen Klonens die Frage stellen, ob das therapeutische Klonen die Gattungsidentität verletzt.
[234] Müssig, Schutz abstrakter Rechtsgüter und abstrakter Rechtsgüterschutz, S. 164.
[235] Müssig, aaO, S. 162 f.
[236] Müssig, aaO, S. 171.
[237] Jakobs, Das Strafrecht zwischen Funktionalismus und „alteuropäischem" Prinzipiendenken, ZStW 107 (1995), S. 844 ff.

Teilsystem, das die gesellschaftliche Identität bestätigt[238]. Die Identität der Gesellschaft gestaltet den Inhalt des Strafrechts, und die Sanktionsnormen des Strafrechts garantieren die Geltung des Strafrechts als Identitätsbestimmende Normen. Danach wird die Identität der Gesellschaft in der heutigen Gesellschaft besonders in Form der Universalrechtsgüter und der Gefährdungsdelikte konkret gestaltet[239]. Aber das Strafrecht als Normen der Gestaltung der Gesellschaftsidentität kann sich nicht selbst legitimieren.

In diesem Sinne versucht Urs Kindhäuser das Legitimationsproblem der abstrakten Gefährdungsdelikte als Verhaltensfolge mit spezifischer Schädlichkeit mit dem Sicherheitsstreben zu lösen: Der Schutz durch Normen gegen abstrakte Gefährdungen korrespondiert dem Sicherheitsstreben, das zu einer *idée directrice* aller Interaktionsbereiche geworden ist[240].
Nach Urs Kindhäuser im Anschluss an Franz-Xaver Kaufmann ist die Sicherheit heute eine der Leitideen sozialen Handelns. „Dies mag den Versuch rechtfertigen, durch eine Analyse der wesentlichen Komponenten des Sicherheitsbegriffs Aufschluss über Charakteristika abstrakter Gefährdungen sowie den Zweck von Sicherheitsnormen zu gewinnen[241]." Kindhäuser erklärt zutreffend, dass die Bedin-

---

[238] Jakobs, aaO, S. 844 ff; Aber Luhmanns Meinung nach ist die heutige Gesellschaft im Gegensatz zu Jakobs keine Gesamtgesellschaft, sondern nichts anders als die Differenz der Funktionssysteme. Luhmann beobachtet nicht die erste Ordnung nach der Unterscheidung »Ganz/Teil« »Oben/Unten«, sondern die zweite Ordnung nach der Unterscheidung »System/Umwelt«. Die moderne Gesellschaft ist also die Gesellschaft ohne Zentrum oder die multizentrische Gesellschaft. Wir leben in der Gesellschaft, aber nicht in einer Gesellschaft. Zum Beispiel ist das nach dem Code „Recht/Unrecht" operierende Rechtssystem nicht in der Lage, mit seinem binären Code „Recht/Unrecht" das nach dem Code „Zahlen/Nicht-Zahlen" funktionierende Wirtschaftssystem direkt zu regulieren.
[239] Hier muss man fragen, ob die Unklarheit des Begriffs „Gesellschaftsidentität" ohne rationale Begründung zur Erweiterung der rein normativen Anwendung „Verletzung der Gesellschaftsidentität" führt. Aus diesem Grund muss erklärt werden, mit welchen Kriterien die Identität der Gesellschaft bestimmt und legitimiert werden kann.
[240] Kindhäuser, Gefährdung als Straftat, 1989, S. 20.
[241] Kindhäuser, aaO, S. 281 f; Meines Erachtens muss man sich der Rechtfertigung der Normen mit der Sicherheit vorsichtig annähern, weil man damit die Inflation des Sicherheitsbegriffs nicht sehen kann. Heutzutage sehen wir die Konjunktur des Sicherheitsbegriffs, indem sich die Unabsehbarkeit des Risikos der technischen Entwicklung erhöht. Gleichzeitig sehen wir die Hochkonjunktur des Sicherheitsbegriffs, weil der Begriff „Sicherheit" als gesellschaftlicher Wertbegriff inflationär verwendet wird. Das Phänomen, das wir bei dem Begriff „Menschenwürde" sehen, entsteht auch bei dem Begriff „Sicherheit". Man fragt nicht nach den Sicherheitsbedürfnissen der einzelnen, sondern nach „Sicherheit" als gesellschaftliche Wertidee. Hier wird „Sicherheit" als gesellschaftlicher Wert als Sein-Sollendes verstanden (Franz-Xaver Kaufmann, Sicherheit als soziologisches und sozialpolitisches Problem, 1973, S. 38 f). Im Bereich der Technik wurde „Sicherheit" explizit zum Selbstzweck erhoben und ist zum normativen Begriff aufgestiegen. Die evidente Selbstzweckhaftigkeit der technischen Sicherheit wird als Hauptimpuls für die gegenwärtig zu beobachtende normative Aufladung

gungen der Sicherheit und dementsprechend die Art und die Weise ihrer Beeinträchtigung *bereichsabhängig* sind[242].

Im Bereich „Stammzellenforschung" beruht eine Möglichkeit des Biostrafrechts *ohne* Menschenwürde auf der Strafrechtsbegründung mit der Orientierungssicherheitsvermittlung. Man fühlt sich unsicher, wenn man die Orientierung verliert. Hier bedeutet die Unsicherheit nicht bloß Gefahr oder Risiko, sondern die Ungewissheit der Wahrnehmung oder der Orientierung (Unsicherheit als Verlust der Orientierung)[243]. Wenn man glaubt, dass es schon etwas Vorgegebenes gibt, und man dieses direkt erkennen kann, strebt man nach „Gewissheit". Aber wenn man glaubt, dass es nur etwas Konstituiertes gibt, und man unter die konstituierte Welt handeln kann, strebt man nicht nach „Gewissheit", sondern nach „Sicherheit". Durch den Wandel des Selbstverständnisses des Menschen vom Welterkennenden zum Weltgestaltenden wird »Quest for Certainty« durch »Search for Security« ersetzt. Statt „es ist gewiss so" sagen wir „es ist tatsächlich so", „es ist wirklich so". Der moderne Mensch ist viel mehr in Ungewissheiten geraten.

---

des Wortes „Sicherheit" interpretiert (aaO, S. 60). Als gesellschaftlicher Wertidee entsteht aber ein Risiko, den Begriff der Sicherheit zu erweitern. Mit der Konstruktion »dem Recht auf Sicherheit« sollte meines Erachtens die Anwendung der Sicherheit als gesellschaftlicher Wert beschränkt werden. Aber das fast gleiche Phänomen, das wir bei dem Begriff „Lebensrecht" sehen, passiert auch beim „Recht auf Sicherheit". Sowie man das Lebensrecht des Embryos in vitro anerkennt, erkennt man einfach das Recht auf Sicherheit an. Hier werde ich ein Beispiel nennen. Günther Jakobs hat mit drei Gründen versucht, die Aufwertung der abstrakten Gefährdungsdelikte vom Polizeidelikt – als bloße oder doch hauptsächliche Ordnungsstörung – zum Kriminaldelikt – als Angriff auf die gesellschaftliche Identität – zu rechtfertigen. Erstens sagt er, dass es auch bei den abstrakten Gefährdungsdelikten um die Erhaltung von Normgeltung geht. Durch die Aufwertung zum Kriminaldelikt muss man sich an der Geltung der Normen orientieren. Zweitens erklärt er die Aufwertung zum Kriminaldelikt mit Hilfe der Aufwerfung der Sicherheit. Abstakte Gefährdungsdelikte stören nun nicht mehr nur die öffentliche Ordnung, sondern verletzen auch das Recht auf Sicherheit. Drittens und hauptsächlich ist die Grenze zwischen erlaubtem oder gar erwünschtem Verhalten und normwidrigen Verhalten heute in nicht wenigen Teilen der Gesellschaft keine gewachsene, einer gelebten Sittlichkeit korrespondierende Grenze, sondern sie wird schlicht konstruiert, mehr oder weniger willkürlich festgesetzt (Jakobs, Das Strafrecht zwischen Funktionalismus und „alteuropäischem" Prinzipiendenken, ZStW 107 (1995), S. 855 ff). Hier hat der Begriff „das Recht auf Sicherheit" keine beschränkende Funktion, sondern nur eine rechtfertigende Funktion der Gefährdungsdelikte. Aber das Risiko ist meines Erachtens sehr hoch, das Recht auf Sicherheit als Normzweck und Sicherheit als Wertbegriff zu verwechseln. Hier tritt die Sicherheit als Wertbegriff als gesellschaftlicher Normbegriff ein, und ist vom Recht auf Sicherheit keine Rede.

[242] Kindhäuser, aaO, S. 281.
[243] Franz-Xaver Kaufmann, Sicherheit als soziologisches und sozialpolitisches Problem, 1973, S. 10 ff; Herzog, Gesellschaftliche Unsicherheit und strafrechtliche Daseinsvorsorge, 1991, S. 50 ff.

Deswegen strebt er nicht nach Gewissheit, sondern nach Sicherheit. Er stellt die Frage „ist das sicher?" mehr als die Frage „ist das wahr?"[244].

„Da man in einer säkularisierten und pluralistischen Gesellschaft keine allge- mein- und letztverbindlichen Wertorientierungen mehr aus und auf Glauben, Kirche und Schöpfungsordnung beziehen kann, in der modernen Moral- und So- zialphilosophie materiale Theorien guten Lebens und richtigen Handelns zuneh- mend an Einfluss verlieren und keine moralische Orientierung mehr vorhanden scheint, die allgemeinen gesellschaftlichen Verbindlichkeitsanspruch erheben könnte, verbleibt offenbar das Recht als einziger Fixpunkt einer gemeinsamen Richtigkeit[245]." Besonders übernimmt das Biostrafrecht die Aufgabe, Orientie- rung zu garantieren, indem es Orientierungssicherheit vermittelt. In einer nach- metaphysischen Zeit kann aber die konkrete Norm wie das Biostrafrecht aus den vorhandenen „ersten" Normen nicht ableitet werden. Im Bereich der Stammzel- lenforschung übernimmt das Biostrafrecht die Funktion der Moral. Das Biostraf- recht ersetzt die Sicherheit durch die Erwartungssicherheit. Insofern die Erwar- tungssicherheit des Biostrafrechts normativen Charakter hat[246], vermittelt das Biostrafrecht die Orientierungssicherheit. *Damit bleibt jedoch offen, dass die O- rientierungssicherheitsvermittlung des Biostrafrechts durch die Moral bindende Kraft des Biostrafrechts legitimiert werden kann*[247].

V. Biostrafrecht in Bezug auf Kultur

Aber das gegenwärtige Problem liegt anderswo: sowohl das Kriterium „Men- schenwürde" als auch die anderen Kriterien ziehen manchmal keinen Konsens bei der Biostrafrechtsbegründung. Man muss deswegen einen Umweg nehmen: Entweder erlässt der Gesetzgeber zuerst Verbotsnormen, die wirklich konsensfä- hig sind, oder er erlässt nach ausreichenden Diskussionen Verbotsnormen nach

---

[244] Franz-Xaver Kaufmann, aaO, S. 70 ff.
[245] Herzog, Gentechnologie – Forschungskontrolle durch Strafrecht?, ZStW 105 (1993), S. 728.
[246] Luhmann, Rechtssoziologie, 3. Aufl., 1987, 33 f; ders., Das Recht der Gesellschaft, S. 61; Bonß, Vom Risiko, 1995, S. 90 ff.
[247] Bisher habe ich das Biostrafrecht nicht als Menschenwürdeschutzgesetz, sondern als Menschen- bildschutz- und Orientierungssicherheitsgesetz beobachtet. Hier gewinnt nicht die Kraft der Men- schenwürde, sondern des Biostrafrechts an Bedeutung. Anders als das Biostrafrecht als Menschen- würdeschutzgesetz bleibt das Legitimationsproblem des Biostrafrechts als Menschenbildschutz- und Orientierungssicherheitsgesetz offen. Dieses Legitimationsproblem ist sicherlich ein Nachteil, aber kann gleichzeitig ein Vorteil sein. Um das Legitimationsproblem zu lösen, fragt man wieder, welche Art der Stammzellenforschung das Menschenbild und die Orientierungssicherheit verletzt.

96

seiner prozedural legitimierten normativen Setzungskraft. Dabei spielt *kulturelle Geltung* der Verbotsnormbegründung eine wichtige Rolle.

Zum Beispiel ist das therapeutische Klonen[248] (Klonen zur Entwicklung von möglichen Therapien schwerer Krankheiten) sehr umstritten sowohl auf nationaler als auch auf internationaler Ebene. Auch wenn die Entscheidung der UN im Februar 2005 gegen das therapeutische Klonen gefallen ist[249], herrscht immer noch Dissens auf internationaler Ebene. In dieser Dissertation werde ich nicht konkret auf diese Frage eingehen, weil die Antwort auf diese Frage umfangreiche Untersuchungen erfordert, die ich momentan nicht leisten kann. Ich werde nur behaupten, dass die Regelung des therapeutischen Klonens in Deutschland mehr mit der Identität der deutschen Gesellschaft verbunden ist.

In Deutschland, das von der schlechten Erfahrung mit der Eugenik geprägt ist, enthält die Diskussion über das therapeutische Klonen ein negatives Image. Deswegen ist es sinnvoller, wenn man die Problematik des therapeutischen Klonens nicht auf der universalen Ebene, sondern auf der kulturellen Ebene diskutiert. Außerdem ist das therapeutische Klonen mit der Orientierungssicherheit auf der kulturellen Ebene verbunden. Es ist nicht leicht festzustellen, ob das grundsätzliche Interesse der Orientierungssicherheit auf der universalen Ebene verletzt wird. Die Frage der Orientierungssicherheit kann also auf die Ebene der kulturellen Normen gestellt werden. Wo das Verfahren die Orientierungssicherheit ausreichend gewährleisten kann, kann das therapeutische Klonen durch Verfahren kontrolliert werden. Aber wo das Vertrauen zu Verfahren fehlt, wird es mit dem Biostrafrecht reguliert. Meines Erachtens ist die allseitige strafrechtliche Regulation über das therapeutische Klonen auf der universalen Ebene problematisch, aber die Antwort auf diese Frage ist auf der kulturellen Ebene anders. Hier geht es um das Dreieck „Wertrationalität, Zwecksrationalität und Verfahrensrationalität" auf der kulturellen Ebene. Zuerst muss sich der Gesetzgeber nach hinreichender Diskussion entscheiden, mit welcher Gesetzesform das therapeutische Klonen, mit dem regulatorischen Biostrafrecht oder mit dem prozeduralen Biorecht, geregelt wird. Nicht nur Chancen und Risiken des therapeutischen Klonens, sondern auch Nachteile des regulatorischen Biostrafrechts sollen berück-

[248] Der Begriff „therapeutisches Klonen" ist in wissenschaftlichen Arbeiten verbreitet. Kritische Bemerkungen zu dem Begriff „therapeutisches Klonen" Eve-Marie Engels, Philosophische und ethische Herausforderungen des Klonens beim Menschen, in: Honnefelder/Lanzerath (Hrsg.), Klonen in biomedizinischer Forschung und Reproduktion, 2003, S. 35 f; Höffe, Klonen beim Mensch? Zur rechtsethischen Debatte, in: Honnefelder/Lanzerath (Hrsg.), aaO, S. 95 f.
[249] Die »Declaration on Human Cloning« (document A/59/516/Add.1) der UN wurde mit 84 zu 34 Stimmen und 37 Enthaltungen verabschiedet.

sichtigt werden. Er sollte nicht nur Meinungen der Spezialisten, sondern auch die der Öffentlichkeit anhören. Wer denkt, dass man das therapeutische Klonen mit dem prozeduralen Biorecht regulieren kann, muss die Leistungssteigerung der Ethikkommission durch Lern- und Reflexionsfähigkeit gewährleisten, weil das therapeutische Klonen die Forschung unter Ungewissheiten ist. Aber diese Arbeit ist nicht leicht. Man kann deswegen die Erfahrungen der Ethikkommission in Großbritannien, „the Human Fertilisation and Embryology Authority (HFEA)" beobachten und davon lernen.

VI. Biostrafrecht in Bezug auf Risikostrafrecht

Die Begründung des Biostrafrechts ist zu kompliziert, um das Biostrafrecht mit *einer* Theorie zu begründen. Die Begründung des Biostrafrechts als Menschenwürdegesetz muss mit der Begründung des Biostrafrechts in Bezug auf Menschenbildschutz, Orientierungssicherheit und Kultur ersetzt werden. Dabei hat das Biostrafrecht sowohl den Charakter des universalen Strafrechts als auch des kulturellen Strafrechts. Hier werde ich weiter das Biostrafrecht in Bezug auf Risikostrafrecht erwähnen[250].

Meines Erachtens verschiebt der Aspekt „Risikostrafrecht" die Ebene des Biostrafrechts von der Begründung *auf die Entscheidung (Bestimmung)*. Während das slippery-slope Argument immer noch in der Dimension der Begründung als Risikoargument fungiert, *bestimmt* das Risikostrafrecht in der Dimension der Normen das Risiko der Stammzellenforschung. Das Biostrafrecht, das nicht mehr die Spiegel der ontologischen Menschenwürde ist, übernimmt auf der normativen Ebene die Funktion, die die ontologische Menschenwürde hatte. Die Unmöglichkeit, das Risiko der Stammzellenforschung richtig zu beweisen, ist die Bedingung der verantwortungsvollen Bestimmung. Die Bestimmung auf der normativen Ebene macht Sinn, erst wenn die Begründung auf der argumentati-

---

[250] Wenn das Biostrafrecht den Zweck hat, die Menschenwürde und das Lebensrecht des Embryos in vitro zu schützen, gehört das Biostrafrecht zum klassischen Strafrecht. Wenn das Biostrafrecht den Zweck hat, die Identität der Gesellschaft mit dem Instrumentalisierungsverbot der menschlichen Spezies zu erhalten, kann man das Biostrafrecht nicht als Risikostrafrecht bezeichnen. Aber wenn man einen Blickwechsel vornimmt, indem man sich nicht an Menschenwürdeverletzung, sondern direkt an überschätzte Risiken der Stammzellenforschung orientiert, eröffnet sich der Weg, ein Charakter des Biostrafrechts als Risikostrafrecht zu bezeichnen. Wenn man die biologische Dimension der Menschenwürde und die zu schnelle Verbindung zwischen Risiko, Unsicherheit und Menschenwürdeverletzung vermeiden kann, eröffnet sich die Möglichkeit, ein Charakter des Biostrafrechts als Risikostrafrecht zu betrachten. Der Einfluss des Menschenwürdearguments beim Biostrafrecht ist so ausgeprägt, dass ein Charakter des Biostrafrechts als Risikostrafecht verhüllt wird.

98

ven Ebene nicht möglich ist. Hier wird entweder behauptet, dass das Biostrafrecht als *prima ratio* verwendet werden muss, weil die Risiken der Gentechnologie auf der normativen Ebene *schon als Gefahren* verstanden werden, auch wenn
die Unkontrollierbarkeit der Folgen der Gentechnologie nicht bewiesen wird.
Oder es wird behauptet, dass das Biostrafrecht mit Betonung auf Verantwortung
die Risikoperspektive übernimmt, die als *in dubio pro Risiko* bezeichnet werden
kann. Die Verantwortungsorientierung kann man mit der Risikoorientierung als
Normen der heutigen Gesellschaft erkennen. Mit dieser Risikostrafrechtsrichtung
erfüllt das Biostrafrecht die Aufgabe, *die Zukunft in der Gegenwart* zu stabilisieren.

Das Thema »*Norm und Risiko*« stellt sich beide wichtigen Fragen. Eine Frage ist,
wie „Risiko" auf Norm wirkt, und die andere Frage ist, wie Norm auf „Risiko" wirkt. Hier bedeutet die Norm »Gestaltung der Gesellschaftsidentität[251]«.
Das Risiko bedeutet »Zukunft in der Gegenwart[252]«. Man kann mit der Zukunft
nicht rechnen[253], trotzdem muss man bei der Norm mit der Zukunft rechnen. Insofern ist der moderne Normgedanke manchmal mit dem Risikogedanken verbunden. Die Verwendung des Zauberwortes »normativ« ist nach dem Verständnis über Risiko sehr unterschiedlich. Mir scheint die Studie über Risiko in der
modernen Gesellschaft ein Schlüssel zum Verständnis über Normen unserer Zeit
zu sein. Ohne die genaue Studie über Risiko kann man den Normgedanken nicht
genau analysieren. Zum Beispiel konkretisiert sich die Identität der Gesellschaft
manchmal in Form der Risikogesellschaft. Hier versteht sich die Gefahrgesell-
schaft oder die Risikogesellschaft als Identität der Gesellschaft. Die Identität der
Gesellschaft als Risikogesellschaft bestimmt also die Normen, an die sich das
moderne Strafrecht orientiert. Cornelius Prittwitz hat sich in seiner Habilitationsschrift „Strafrecht und Risiko" kritisch mit beiden Zwecken des modernen Risikostrafrechts beschäftigt: Die Zwecke, denen das Risikostrafrecht dienen will,
sind, risikosoziologisch gesprochen, einerseits die Risikominimierung, andererseits die Vermittlung von Sicherheit[254]. Die Risikogesellschaft braucht Risikominimierung und Versicherung, und nur die können Strafe und Strafrecht legitimieren (das Risikostrafrecht als Teil der Risikogesellschaft, das Strafrecht als
gesellschaftliches Subsystem)[255]. „Die spezifischen Bedingungen der Risikogesellschaft bedeuten für die Gesellschaft und ihre Subsysteme, also auch für das

---

[251] Jakobs, Das Strafrecht zwischen Funktionalismus und „alteuropäischem" Prinzipiendenken, ZStW 107 (1995), S. 844 ff.
[252] Luhmann, Das Recht der Gesellschaft, 1993, S. 554, S. 141 ff.
[253] Luhmann, aaO, S. 23.
[254] Prittwitz, Strafrecht und Risiko, 1993, S. 366.
[255] Prittwitz, aaO, S. 200.

Strafrecht, einen durchaus dramatischen Problemdruck. Gefahren und Verunsicherung sind zu beseitigen oder zu verringern[256]."

Die kritische Betrachtung des Aspekts „Risikostrafrecht" brauchen wir auch bei der Biostrafrechtsbegründung. Das „Eindringungen von Risikoorientierungen" stellt indes das Recht vor erhebliche Effektivitäts- und Legitimationsprobleme[257]. Der Transfer von Risiken zu Normen in der Risikogesellschaft verhindert die Fragestellung, ob – und unter welchen Bedingungen – das Biostrafrecht legitimiert werden kann. Wenn man das Biostrafrecht in Bezug auf Menschenbildschutz, Orientierungssicherheit und Kultur begründet, kann man diese Begründungen mit dem Aspekt „Risikostrafrecht" wieder kritisch betrachten. *Erstens* kann der Aspekt »Norm des Selbstverständnisses der Gattung« erweitert werden, indem sich das Biostrafrecht nicht direkt auf die Verletzung der Gattungsidentität, sondern *auf der normativen Ebene indirekt* auf *das Risiko* der Verletzung der Gattungsidentität bezieht. Die Wirkung und die Folge der modernen Biotechnologie können vorzeitig nicht richtig berechnet werden. Trotzdem hat die moderne Norm wie das Biostrafrecht die Aufgabe, sie zu bestimmen. *Unter diesen Ungewissheiten in der modernen Gesellschaft* übernimmt das Biostrafrecht nicht nur die Aufgabe des Schutzes der Identität der Gattungsgesellschaft, sondern auch die Aufgabe der Gestaltung der Identität der Risikogesellschaft mit Risikominimierung und Sicherheitsvermittlung. Wir müssen zwar mit dem Aspekt „Selbstverständnis der Gattung" die Begründung und die konkrete Gestaltung des Biostrafrechts ernst nehmen, aber dieser Aspekt kann auch mit dem Risikostrafrecht wie mit der Anwendung des „slippery slope (schiefen Bahn)" Arguments erweitert werden. Meines Erachtens funktioniert das Biostrafrecht als Normen der Gattungsidentität, wenn die Gattungsidentität direkt verletzt wird, und das Biostrafrecht als Risikostrafrecht funktioniert, wenn das Risiko der Ver-

---

[256] Prittwitz, Funktionalisierung des Strafrechts, StrV 1991, S. 438.
[257] Prittwitz, Strafrecht und Risiko, 1993, S. 160; Über das Risiko und das Recht schreibt Niklas Luhmann (Luhmann, Das Recht der Gesellschaft, 1993, S. 560 f): „Risikofragen tauchen nicht nur in der Weise auf, dass das Recht riskantes Verhalten als rechtmäßig oder als rechtswidrig beurteilt. Auch das ist ein Problem, das bereits in vielen Bereichen zu Rechtsänderungen geführt hat und noch führen wird. Mehr und mehr geht es hier darum, Verantwortung bis hin zur Haftung an Möglichkeiten der Risikokontrolle zu binden und so dem für Entscheider typischen »illusion of control« entgegenzuarbeiten. Eine weit darüber hinausgehende Frage ist aber, ob und wie das Recht sein eigenes Risiko akzeptieren kann. Diese Frage hängt unmittelbar mit der Ausdifferenzierung, operativen Schließung und funktionalen Spezifikation des Rechtssystems zusammen. In dieser Hinsicht ist das Rechtssystem ein Spiegelbild des Gesellschaftssystems. Es ist selbst riskant, weil die Gesellschaft riskant ist. Oder genau gesagt: Es hat sich selbst als riskant zu beobachten und zu beschreiben, weil dies für die moderne Gesellschaft schlechthin gilt (Hervorhebung durch den Autor)."

100

letzung der Gattungsidentität entsteht. Also reguliert das Biostrafrecht als Risi-kostrafrecht das Vorfeld des Biostrafrechts als Normen der Gattungsidentität. Un-ter der Identität der Gattungsgesellschaft dient das Biostrafrecht nicht nur dem Schutz der Gattungsidentität, sondern auch unter der Identität der Risikogesell-schaft dem Schutz vor dem Risiko der Verletzung der Gattungsidentität. Wo die Verletzung der Gattungsidentität droht, werden Normen mehr oder weniger vor dem Risiko der Verletzung der Gattungsidentität gesetzt. Damit geht es im Kern um die Frage, ob und inwieweit das Biostrafrecht mit der Identitätsgestaltung mit der Risikominimierung und der Sicherheitsvermittlung gerechtfertigt werden kann.

Zweitens kann der Aspekt »Norm der Orientierungssicherheit« erweitert werden, indem sich das Biostrafrecht nicht auf die Verletzung der Orientierungssicherheit, sondern auf der normativen Ebene auf die Sicherheitsvermittlung bezieht[258]. Hier muss man *eine Frage des Risikostrafrechts* stellen, ob die Sicherheitsvermittlung des Biostrafrechts als symbolische Versicherung fungiert. Cornelius Prittwitz be-zeichnet die Aufgabe der Sicherheitsvermittlung des modernen Strafrechts als symbolische Versicherung[259]. Hier muss man fragen, ob man die Verwechselung von *Funktion und Leistung* des Biostrafrechts sehen kann.

---

[258] Felix Herzog beschäftigt sich in seiner Habilitationsschrift „Gesellschaftliche Unsicherheit und strafrechtliche Daseinsvorsorge" besonders mit den „Gefährdungen des Strafrechts durch Gefähr-dungsstrafrecht" unter fünf Perspektiven, nämlich anthropologischer (Sicherheitsbedürfnis und Ge-fährdungsstrafrecht), sozialtheoretischer („Sicherheit" als „Name einer gesellschaftlichen Wertidee"), staattheoretischer („Daseinsvorsorge" durch Strafrecht), rechtstheoretischer (Das „Trilemma" „regu-latorischen" Strafrechts) und strafrechtspolitischer („Innenpolitisierung des Strafrechts) Perspektive (Herzog, Gesellschaftliche Unsicherheit und strafrechtliche Daseinsvorsorge, 1991, S. 70 ff). Beson-ders unter dieser anthropologischen Perspektive funktioniert das Strafrecht als Institution, die diesem riskierten und unstabilen, affektüberladenen Wesen die Sicherheit garantieren kann. Zu diesem Zweck soll das Strafrecht auf menschliche Gefährdungslagen reagieren und sie bewältigen. „Sehr schnell wäre man dann freilich in einer funktionalistischen Betrachtungsweise des Strafrechts gefan-gen, die Realität und Erwartung in sich zusammenfallen lässt, indem sie latente Funktionen des Straf-rechts auf die normative Ebene umsetzt; dass das Strafrecht – anthropologisch betrachtet – dem Si-cherheitsbedürfnis korrespondiert, würde dann – normativ – in seine vornehmste Aufgabe, Gefähr-dungen zu präventieren, verwandelt (aaO, S. 50)."
[259] Prittwitz, Strafrecht und Risiko, 1993, S. 255; „Diese Konzeption wirft sowohl empirische als auch normative Probleme auf. Normativ besteht das – gegen alle generalpräventiven Theorien vorge-brachte – Hauptproblem darin, dass die Bestrafung Einzelner allein durch die Versicherung der All-gemeinheit nie gerechtfertigt sein kann. Ein Problem ganz anderer aber ebenfalls normativer Art taucht auf, wenn aus der Perspektive gesellschaftlicher Nutzenoptimieurng gar nicht klar ist, ob Ver-sicherung oder Verunsicherung politisch das Gebot der Stunde ist. Wer etwa im Bereich des Umwelt-schutzes dramatische Maßnahmen für erforderlich hält, der wird normativ die Beruhigung der Gesell-schaft durch ein symbolisches Strafrecht ablehnen. Hinzu kommen empirische Probleme. Damit wird nicht nur auf die unleugbaren methodologischen Schwierigkeiten angespielt, den Nachweis solcher Versicherungseffekte zu führen, die mir fast unüberwindbar erscheinen. Gemeint ist vielmehr ein Di-

6. Kapitel
Prozedurales Biorecht bei der Stammzellenforschung

In der funktional ausdifferenzierten Gesellschaft ist es sehr schwierig, die Kopplung zwischen dem regulierten System, der Politik und dem Rechtssystem zu schaffen. Trotzdem wird häufig mit dem regulatorischen Gesetz auf die direkte Steuerung des geregelten Systems gezielt. Das regulatorische Gesetz ist zwar ein *starkes direktes*, aber oft kein *wirksames* Mittel. Es ist nicht dazu imstande, die Kopplung zwischen den drei Bereichen zu schaffen. Außerdem besteht ein Legitimitätsproblem, weil es seine Zweckrationalität mit etwas begründet, das in unserer Gesellschaft nicht mehr zur Geltung bringen kann. *Wegen des Effektivitätsproblems und des Legitimitätsproblems* denkt man über ein anderes Kopplungsmittel nach. Einige Wissenschaftler behaupten *indirekte Steuerung mit dem prozeduralen Recht* und *Systemkopplung über Organisation. „Das Recht reguliert die Gesellschaft, indem es sich selbst regulier[260].“* Die Möglichkeit der indirekten Steuerung mit der Selbstregulation kommt aus der strukturellen Kopplungsbedürftigkeit. Dabei muss man aber die Grenzen der indirekten Steuerung beachten.

In diesem Kapitel werde ich die indirekte Steuerung mit dem prozeduralen Recht und Systemkopplung über Organisation auf die Möglichkeit des prozeduralen Biorechts (der Ethikkommission) bei der Stammzellenforschung anwenden[261]. Die Möglichkeit des prozeduralen Biorechts (der Ethikkommission) bei der Stammzellenforschung kommt aus dem Nichtvorliegen der materiellen Kriterien, der Nichtwirkung des regulatorischen Biostrafrechts, der Kommunikationsfähigkeit des prozeduralen Biorechts und den Grenzen des prozeduralen Biorechts. Dabei fungiert die Ethikkommission als *Kommunikation* zwischen dem Biorecht, der Biopolitik und der Biowissenschaft.

---

lemma, auf das Franz-Xaver Kaufmann vor einiger Zeit aufmerksam gemacht hat. Die seit langem bestehende Verrechtlichungstendenz bewirkt mittel- bis langfristig ein Absinken des Rechtsbewußtseins, des Vertrauens in die Verbindlichkeit der Rechtsordnung und damit auch der Effektivität der Rechtsordnung selbst. Die Vermittlung von Sicherheit durch Normen setzt danach Umstände voraus, die es verbieten, ständig und ausufernd Normen zum Zweck der Versicherung zu benutzen. Hier liegen Ansätze zu einer soziologischen – dem Effektivitätsparadigma durchaus verpflichteten – Untermauerung des fragmentarischen Charakters des Strafrechts (aaO, S. 258).“

[260] Teubner, Recht als autopoietisches System, 1989, S. 82 f.

[261] Dabei werde ich die Möglichkeit des prozeduralen Biorechts (der Ethikkommission) auf die Stammzellenforschung mit überzähligen Embryonen beschränken. Ich werde auf die Möglichkeit des prozeduralen Biorechts beim therapeutischen Klonen (Klonen zur Entwicklung von möglichen Therapien schwerer Krankheiten) nicht eingehen, weil ich momentan nicht in der Lage bin, das therapeutische Klonen richtig zu beurteilen.

I. Nichtvorliegen der materialen Kriterien

»Prozedurale Richtigkeit« braucht man, wo man keine Kriterien für »materielle Richtigkeit« hat. In der modernen Gesellschaft, die *säkularisiert, pluralisiert, funktional ausdifferenziert und kompliziert* ist[262], können die Religionsnormen (der Wille Gottes) und die substanzontologische Wertnormen nicht mehr die Rolle als Kriterium der Rationalität (der Richtigkeit) spielen und deren direkte Interventionen zu Rechtsnormen werden gestoppt. Man kann sich nicht mehr *ohne konkrete Begründungen* auf objektive Geltung des Naturrechts berufen. Vor allem steigert sich in unserer Gesellschaft die Zahl der Gesetzgebungen unter Ungewissheitsbedingungen weiter, indem sich verschiedene Hochtechniken weiter entwickeln. Unter diesen Zeitverhältnissen kann die Frage nach dem Rechten und Richtigen durch die Frage nach dem Naturrecht, dem Vernunftrecht oder Moral nicht ersetzt werden. Die Frage nach der richtigen Norm in Bezug auf „Zukunft in der Gegenwart" kann durch die Frage nach der vorgegebenen Natur *ohne konkrete Begründungen* nicht ersetzt werden. Damit ist ein schwieriges Problem entstanden, nämlich das *Legitimitätsproblem*, das aus dem Nichtvorliegen der geltenden materialen Kriterien kommt[263].

Hans Welzel fragt: „Gibt es materiale Kriterien, die dem in einer Entscheidungssituation Stehenden einen festen Halt für seine Entscheidung an die Hand geben?[264]" Auch wenn es manchmal schwierig ist, den materialen Maßstab der richtigen Entscheidungen zu finden, muss man die Suche nach dem Richtigen nicht aufgeben. Winfried Hassemer sagt: „Prozeduralisierung ist ein zentrales Merkmal der heutigen philosophischen und rechtsphilosophischen Erkenntnis- und Wertlehre. Sie entsteht in einer Situation spezifischen Nichtwissens, nämlich nach dem Schwinden eines unbefragten Vertrauens auf den Zugang der Menschen zur Wirklichkeit (Erkenntnistheorie) und nach dem Zusammenbruch naturrechtlicher Gewissheit richtigen Rechts (Wert- und Rechtsphilosophie). Inhaltliche überpositive Normen, die einen erfahren ließen, was Inhalt des positiven Rechts zu sein habe, sind – aus unterschiedlichen Gründen – nicht mehr zur Hand, das Gesetz ist folglich nicht mehr als bloße Aktualisierung und Konkreti-

---

[262] Hier muss man die Frage stellen, ob die moderne Gesellschaft wirklich säkularisiert, pluralisiert, kompliziert und funktional ausdifferenziert ist.

[263] Trotz des Nichtseins der materialen Kriterien steigen die Aufgaben des Präventionsstaates aber weiter, weil wir in einer Risikogesellschaft leben, die gleichzeitig unsichere Gesellschaft und verunsicherte Gesellschaft ist. Zu diesem Risikogesellschaftskonzept Prittwitz, Strafrecht und Risiko, 1993, S. 49 ff.

[264] Welzel, Naturrecht und materiale Gerechtigkeit, 1962, S. 8.

sierung höheren – fraglos richtigen – Rechts denkbar[265]. „In solchen Konstellationen mit Entscheidungsnotwendigkeit ohne konstitutives Entscheidungswissen, in denen eine substantielle Entscheidung nicht klug wäre oder nicht zu verantworten ist, macht Prozeduralisierung Sinn[266]."

Meines Erachtens gehört die Stammzellenforschung *mit überzähligen Embryonen* zum Fall der Entscheidungsnotwendigkeit ohne konstitutives Entscheidungswissen. Meines Erachtens beginnt das Lebensrecht mit der Empfindungsfähigkeit des Embryos (dazu § 2). Die Menschenwürde wird durch wechselseitige Anerkennung der grundsätzlichen Interessen, mit der der Kampf verbunden ist, konstituiert (dazu § 4). Der Embryo *in vitro* hat keine Menschenwürde und kein Lebensrecht, sondern die Potentialität zum Individuum. Die Stammzellenforschung mit überzähligen Embryonen für hochrangige medizinische Zwecke verletzt meines Erachtens weder die Gattungsidentität (das Menschenbild) noch die Orientierungssicherheit. Aber bei der Stammzellenforschung mit überzähligen Embryonen geht es um das Leben des Embryos *in vitro. Insofern die embryonale Stammzellenforschung das Leben des Embryos in vitro und die Gattungsidentität betrifft, brauchen wir tiefgehende ethische Diskussionen.* Trotzdem gibt es bei der Stammzellenforschung mit überzähligen Embryonen keine materiellen Kriterien, deswegen brauchen wir eine prozedurale Lösung, die auf Abwägung beruht. Die prozedurale Lösung kann die Orientierungssicherheit gewährleisten, indem die Stammzellenforschung mit überzähligen Embryonen mit dem Verfahren kontrolliert wird.

Hier werde ich die Meinung der deutschen Forschungsgemeinschaft vorstellen, und sie anschließend mit meiner Meinung vergleichen. Die Deutsche Forschungsgemeinschaft vertritt die Meinung, dass das Lebensrecht des Embryos als mit der Entwicklung allmählich ansteigenden Lebensschutz abgestuft werden kann. Die DFG sieht bei der Stammzellenforschung die Abwägungsmöglichkeit zwischen dem verfassungsrechtlichen Lebensschutz des Embryos und der ebenfalls verfassungsrechtlich geschützten Forschungsfreiheit. Sie findet sowohl den ethischen und rechtlichen Schutz der Forschungsfreiheit als auch das Lebensrecht des Embryos nicht absolut. Um das Lebensrecht des Embryos als nicht absolut zu beweisen, nennt sie das gestattete Verfahren der Empfängnisverhütung, beispielsweise Nidationshemmer und den Schwangerschaftsabbruch, der unter bestimmten Bedingungen erlaubt ist. Und aus der Sicht der DFG setzt ein Abwä-

---

[265] Hassemer, Prozedurale Rechtfertigungen, in: FS für Mahrenholz, 1994, S. 747.
[266] Hassemer, aaO, S. 750.

gungsprozess zugunsten der wissenschaftlichen Forschung die Hochrangigkeit der Forschungsziele voraus. Die DFG sieht die Abwägungsnotwendigkeit darin, dass die Stammzellenforschung aufgrund neuer Erkenntnisse der Wissenschaft neue Möglichkeiten gibt, bislang unbehandelbare Krankheiten zu heilen. Diese kann sich nicht auf Heilungsversprechen allein beziehen, sondern stellt echte Chancen auf deren Realisierbarkeit voran[267]. Sie sieht die Bereitschaft, eng begrenzte Embryonenforschung zuzulassen, *nicht als Anzeichen von Wertewandel oder der Werterosion* an[268]. Darüber hinaus ist die DFG der Meinung, dass der Rubikon in dieser Frage mit der Einführung der künstlichen Befruchtung überschnitten wurde und es unrealistisch wäre zu glauben, unsere Gesellschaft könne in einem Umfeld bereits bestehender Entscheidungen zum Lebensrecht des Embryos (dauerhafte Aufbewahrung künstlich befruchteter Eizellen, Einführung von Nidationshemmern, Schwangerschaftsabbruch) zum status quo ante zurückkehren[269]. Die DFG ist der Meinung, dass ebenso wie das Recht auf Leben auch das Recht auf Forschungsfreiheit nicht nur von der Verfassung geschütztes Recht ist, sondern auch ein ethischer Wert, dessen Rang sich aus der Subjektstellung des Menschen und der Funktion von Wissenschaft und Forschung für das Wohl von Individuum, Staat und Gesellschaft ergibt[270]. Nach der DFG dürfen embryonale Stammzellen nur aus Embryonen gewonnen werden, die für eine gesetzlich zulässige künstliche Befruchtung hergestellt werden, die aber aus Gründen, die bei der Spenderin der Eizelle liegen, auf Dauer nicht mehr zu diesem Zweck eingesetzt werden. Die Herstellung menschlicher Embryonen allein zu Forschungszwecken soll und muss verboten bleiben[271].

Nach der Auffassung der DFG kommt eine angemessene Lösung durch Werteabwägung. Danach kann dieses abgeschwächte Lebensrecht grundsätzlich gegen andere gewichtige Werte abgewogen werden. Ich stimme dieser Lösung durch Wertabwägung zu, aber nicht dem abgeschwächten Lebens*recht*. Wenn man das Grundrecht als Wert sieht, bestehen keine Unterschiede zwischen der Meinung der DFG und meiner Meinung. Die Werte können meines Erachtens die Rechte einschließlich des Grundrechts nicht einbeziehen und beide müssen getrennt

---

[267] Deutsche Forschungsgemeinschaft, Empfehlungen der Deutschen Forschungsgemeinschaft zur Forschung mit menschlichen Stammzellen, 3. Mai 2001, in: Deutsches Referenzzentrum für Ethik in den Biowissenschaften, Dossier, Forschung an menschlichen embryonalen Stammzellen und Anwendung von Klonierungstechniken beim Menschen, Ergänzungsband, 2001, S. 8.
[268] Deutsche Forschungsgemeinschaft, aaO, S. 51.
[269] Deutsche Forschungsgemeinschaft, aaO, S. 10 f.
[270] Deutsche Forschungsgemeinschaft, aaO, S. 50.
[271] Deutsche Forschungsgemeinschaft, aaO, S. 9.

werden. Nach der Meinung, die die Grundrechtsordnung als konkrete Wertordnung ansieht, werden das Grundrecht als Grundwert, und die Menschenwürde als
höchsten Wert betrachtet. Diese Auffassung ist meines Erachtens nicht richtig.
Bei der Stammzellenforschung mit überzähligen Embryonen geht es nur um die
Wertkollision. Meines Erachtens hat der Embryo *in vitro* keine Menschenwürde
und kein Lebensrecht, sondern die Potentialität zum Individuum. Diese Potentialität kann nicht als Recht, sondern als Wert betrachtet werden. Und die Forschungsfreiheit ist zwar ein Grundrecht, aber die verbrauchende Stammzellenforschung kann nicht als Grundrecht, sondern nur als Wert betrachtet werden.
Ich werde hier fragen, ob der Bereich „Stammzellenforschung mit überzähligen
Embryonen" durch Wertabwägung angemessen reguliert werden kann.
Zuerst sollten wir uns die Frage stellen, ob der Embryo *in vitro* ein Lebensrecht
hat und die Stammzellenforschung sein Lebensrecht verletzt. Sollten wir feststellen, dass dem Embryo *in vitro* kein Lebensrecht zukommt, brauchen wir ein neues Kriterium für die Stammzellenforschung mit überzähligen Embryonen. Da der
Embryo *in vitro* nur Schutzgut, aber nicht Rechtssubjekt ist, kann von einem
Grundrechtseingriff nicht die Rede sein. Der Embryo *in vitro* hat keinen verfassungsrechtlichen Status im Sinne einer Grundrechtssubjektivität. Aber auch
wenn der Embryo *in vitro* kein Lebensrecht hat, gehört er zur Menschenspezies
und hat das Potential zum Individuum.
Aber das Embryonenschutzgesetz in Deutschland geht davon aus, dass der Embryo *in vitro* das Lebensrecht und die Menschenwürde hat (Das klare Vorliegen
der materiellen Kriterien). Dadurch ist die Stammzellenforschung absolut verboten. Aus dieser Voraussetzung entstehen Wertungswidersprüche zwischen Faktum und Norm. *Erstens* ist der jeweils andere Status des Embryos *in vivo* und *in
vitro* anzuführen. Während der Embryo *in vitro*, außerhalb des Organismus erzeugt, mit dem Embryonenschutzgesetz geschützt wird, ist der Embryo *in vivo*,
im lebenden Organismus erzeugt, vor Abschluss der Einnistung überhaupt nicht
geschützt. Dieses ist ausdrücklich in Art. 218 Abs. 1 StGB festgelegt. „Wer eine
Schwangerschaft abbricht, wird mit Freiheitsstrafe bis zu drei Jahren oder mit
Geldstrafe bestraft. Handlungen, deren Wirkung vor Anschluss der Einnistung
des befruchteten Eies in der Gebärmutter eintritt, gelten nicht als Schwangerschaftsabbruch im Sinne dieses Gesetzes." Das heißt, der Gesetzgeber erlaubt
explizit Nidationshemmer und die „Pille danach". Wieso werden Unterschiede
zwischen dem Embryo *in vitro* und *in vivo* gemacht?
Zweitens muss man den absoluten Schutz des Embryos *in vitro* mit dem relativen
Schutz des Fötus vergleichen. Das Embryonenschutzgesetz und § 218 StGB regeln unterschiedliche Zeiträume. Das Embryonenschutzgesetz regelt den Zeit-

raum von der Befruchtung bis zur Einnistung des Embryos im Uterus, während §
218 StGB den Zeitraum vom Abschluss der Einnistung des befruchteten Eis in
der Gebärmutter (Nidation) regelt. Der Embryo *in vitro* steht unter dem absoluten Schutz des Embryonenschutzgesetz, aber der spätere Embryo kann abgetrie-
ben werden, sofern nach § 218 a StGB einige Bedingungen erfüllt sind.

Aus dem Nichtvorliegen der materiellen Kriterien (die Menschenwürde und das
Lebensrecht des Embryos *in vitro*, das Recht auf Stammzellenforschungsfreiheit)
und den Wertungswidersprüchen entsteht die Möglichkeit der Abwägung und
der Prozedur. Um den Abwägungsversuch bei der Stammzellenforschung *mit
überzähligen Embryonen* zu analysieren[272], benutze ich die folgende Methode:
»W P W« C[273]. Mir scheint die angemessene Wertabwägung nicht unter der Methode »W P W«, sondern nur nach der Methode »W P W« C möglich zu sein.
Nach dieser Methode gibt es dann zwei Möglichkeiten, um den Fall im Wege der
Auflösung der Wertkollision zu entscheiden.

(1) »W1 P W2« C: Es ist *verboten*, die verbrauchende Stammzellenforschung
    durchzuführen.
(2) »W2 P W1« C: Es ist *geboten*, die verbrauchende Stammzellenforschung
    durchzuführen.
W1 : Wert des Embryos *in vitro*
W2 : Wert der Stammzellenforschung
(einschließlich Therapie unheilbarer Krankheiten, Stammzellenforschung mit
anderen Mittel)
C: Konkrete Entscheidungssituation der Ethikkommission bei konkreten Fällen

II. Nichtwirkung des regulatorischen Biostrafrechts

Wichtig ist auch die Frage der Nichtwirkung des regulatorischen Biostrafrechts.
Das direktsteuerungsorientierte Embryonenschutzgesetz regelt das absolute Ver-

---

[272] Wir brauchen beim therapeutischen Klonen (Klonen zur Entwicklung von möglichen Therapien
schwerer Krankheiten) eine konkrete Abwägungsmethode. Aber die Struktur der Abwägungsmethode beim therapeutischen Klonen ist sehr kompliziert, weil die Möglichkeit der Normerosion als
Selbstverständnis der Gattung und die Orientierungssicherheit berücksichtigt werden muss.
[273] Als Symbol für die Vorrangrelation soll das Zeichen »P« verwendet werden. Für die Bedingungen,
unter denen ein Wert einem anderen Wert vorgeht, ist »C« notiert. Unter anderen Bedingungen kann
die Vorrangfrage umgekehrt zu lösen sein. Zu dieser Methode Alexy, Theorie der Grundrechte, 1986,
81 f.

bot der Stammzellenforschung. Mit dem regulatorischen Biostrafrecht versucht man, die Stammzellenforschung unter das starke regulatorische Strafrecht zu stellen. Aber die Folgen sind fatal, weil die meisten Stammzellenforscher *nur* versucht haben, die Lücken des starken Embryonenschutzgesetzes zu finden und dadurch die Verantwortung für ihre eigenen Handlungen zu vermeiden[274]. Die Stammzellenforscher verlassen Deutschland und forschen weiter in andern Ländern, in denen die Stammzellenforschung erlaubt ist. Dadurch hat das direktsteuerungsorientierte Embryonenschutzgesetz seine Orientierungskraft verloren[275].

---

[274] „Die Wirksamkeit strafbewehrter Verbote hängt indessen von ihrer positiv-generalpräventiven Wirkung ab. Die Normadressaten sollten das Verbot und die ihm zugrunde liegenden Wertungen als sachgerecht akzeptieren können. Solange Forscher und Ärzte überzählige Embryonen dadurch „entsorgen" dürfen, dass sie sie in den Ausguß schütten, wird sich dieses Bewußtsein nicht einstellen und ein sogar strafbewehrtes Verbot der Forschung an „überzähligen" Embryonen nicht verstanden (Hans-Ludwig Günther, Strafrechtliche Verbote der Embryonenforschung?, MedR 1990, S. 165)."

[275] Diesen Verlust der Orientierungskraft kann man mit dem dysfunktionalen Folgeproblem von Verrechtlichung erklären. Zum Beispiel regelt das regulatorische Medizinrecht den medizinischen Bereich mit der (vielleicht blinden) Zweckrationalität. Mit dem Medizinstrafrecht versucht man, den medizinischen Bereich unter das Recht zu stellen, das manchmal mit der Moral verbunden ist. Aber die Folgen sind fatal, weil fast alle Mediziner und Medizinforscher nur versucht haben, die Lücken des starken Medizinstrafrechts zu finden, um dadurch die Verantwortung ihrer eigenen Handlungen zu vermeiden. Dadurch hat das direktsteuerungsorientierte Medizinstrafrecht seine Orientierungskraft verloren. Zum Beispiel kann man dieses Phänomen im Medizinstrafrecht sehen, das die ärztliche Behandlungsfahrlässigkeit sehr stark reguliert. Ärzte haben Angst vor einem ärztlichen Behandlungsfehler und versuchen die ärztliche Behandlungsfahrlässigkeit zu vermeiden, indem sie die Patienten nur verteidigungsweise behandeln. (Dieses Problem kann man meines Erachtens einigermaßen mit der Risikoübernahmedogmatik lösen.) Trotz der Vollzugsdefizite befürworten viele Politiker die direkte Steuerung durch Medizinstrafrecht, ohne das Vollzugsdefizit zu beachten, und das führt nur zur symbolischen Medizinpolitik. Das ist ein Beispiel des dysfunktionalen Folgeproblems von Verrechtlichung. Dies bezeichnet Gunther Teubner als „das regulatorische Trilemma" (Wechselseitige Indifferenz, gesellschaftliche Desintegration durch Recht und rechtliche Desintegration durch die Gesellschaft). „Jeder regulatorische Eingriff, der diese Grenzen (die Grenzen der jeweiligen Selbststeuerung und Selbsterhaltung) überschreitet, ist entweder irrelevant oder hat desintegrierende Wirkungen für den gesellschaftlichen Lebensbereich oder aber desintegrierende Wirkungen auf das regulatorische Recht selbst zur Folge." (Teubner, Verrechtlichung – Begriffe, Merkmale, Grenzen, Auswege, in: Kübler (Hrsg.), Verrechtlichung von Wirtschaft, Arbeit und sozialer Solidarität, 1984, S. 316). Das regulatorische Trilemma passiert, wenn man sich stark an der Zweckrationalität orientiert, ohne die Bedingungen der strukturellen Kopplung von geregeltem System, Recht und Politik zu beachten. Um dieses regulatorische Trilemma zu vermeiden, versucht man sich an der Systemrationalität zu orientieren. Aber das System kann nicht das Kriterium der Rationalität sein. Man soll zwar die operative Geschlossenheit des Teilsystems und die strukturelle Kopplung zwischen System und Umwelt beachten, aber man soll nicht nur aus der Sicht des Systems die Rationalität der Interventionsmaßnahme begründen. Nicht aus der Sicht des Teilsystems, sondern aus der Sicht der Beziehung zwischen geregeltem System, Politik und Rechtssystem sollte man angemessene Interventionsmaßnahmen finden. Nicht nur die Orientierung nach der Zweckrationalität (nur aus der Sicht des Rechts), sondern auch die Orientierung nach der Systemrationalität (nur aus der Sicht des geregelten Systems) begründet ihre Legitimität nur aus einer Seite. Deswegen brauchen wir die Orientierungsrichtung, die

108

Inzwischen hat man in Deutschland die Lücken des Embryonenschutzgesetzes gefunden und trotz der Kritik „Doppelmoral" mit dem Stammzellgesetz 2002 die Stammzellenlinien importiert (§ 4 Abs. 2 StZG).
Unter diesen Umständen kann das später erlassene Gesetz in widersprüchlichen Konflikt mit dem früher erlassenen Gesetz geraten. Zum Beispiel trat das Stammzellgesetz 2002, das die Einfuhr und die Verwendung embryonaler Stammzellen ausnahmsweise zu Forschungszwecken zulässt (§ 4 Abs. 2 StZG), *meines Erachtens* trotz des Artikels § 4 Abs. 2 II in Widerspruch mit dem Embryonenschutzgesetz 1990. Nach § 2 Abs. 1 ESchG ist es verboten, einen extrakorporal erzeugten menschlichen Embryo zu einem nicht seiner Erhaltung dienenden Zweck zu verwenden. Auch wenn es im Embryonenschutzgesetz nicht ausdrücklich verboten ist, die embryonalen Stammzellen, die in Übereinstimmung mit der Rechtslage im Herkunftsland dort vor dem 1. Januar 2002 gewonnen wurden und in Kultur gehalten werden oder im Anschluss daran kryokonserviert gelagert werden (§ 4 Abs. 2 II a StZG), zu Forschungszwecken zu verwenden, ist es im Hinblick auf den Normzweck des § 2 Abs. 1 und des Embryonenschutzgesetzes mit dem § 2 Abs. 1 und dem Embryonenschutzgesetz nicht vereinbar. Der Gesetzgeber nimmt deswegen im § 1 StZG (Zweck des Gesetzes) die besondere Form »grundsätzlich, aber ausnahmsweise«: „Die Einfuhr und die Verwendung embryonaler Stammzellen sind *grundsätzlich* verboten, aber unter bestimmten Voraussetzungen *ausnahmsweise* zu Forschungszwecken zugelassen." Der Gesetzgeber in Deutschland braucht keinen Kompromiss, sondern die Änderung des früher erlassenen Embryonenschutzgesetzes.

Das Phänomen der tatsächlichen Befolgungsunfähigkeit des Biostrafrechts infolge der Innovationsdynamik der modernen Biomedizin ist schon bekannt. Dies ist auch ein Grund der Nichtwirkung des regulatorischen Biostrafrechts. Zum Beispiel wurde die Änderungsnotwendigkeit des Embryonenschutzgesetzes 1990 in Deutschland durch die Entdeckung der Reprogrammierungsfähigkeit somatischer Zellen durch Zellkerntransfer und die damit gegebenen Möglichkeiten des Klonens in dem Augenblick deutlich, wo das geltende Recht nicht in der Lage war, auf neu entstandene Entwicklungen zu reagieren[276]. Dadurch kann die direkte Steuerung des Embryonenschutzgesetzes nicht funktionieren. Nach § 6

die Legitimität aus der Beziehung zwischen geregeltem System, Recht und Politik erhalten kann, und wodurch die Wirksamkeit der Steuerungsfunktion gewährleistet werden kann.
[276] Taupitz, Der rechtliche Rahmen des Klonens zu therapeutischen Zwecken, NJW 2001, S. 3434 f, Hilgendorf, Klonverbot und Menschenwürde – Vom Homo sapiens zum Homo xerox? Überlegung zu § 6 Embryonenschutzgesetz, in: FS für Maurer, S. 1160 ff, Schroth, Forschung mit embryonalen Stammzellen und Präimplantationsdiagnostik, JZ 4/2002, S. 172, Gutmann, Auf der Suche nach einem Rechtsgut: Zur Strafbarkeit des Klonens von Menschen, in: Roxin/Schroth (Hrsg.), Medizin-

rekte Steuerung des Embryonenschutzgesetzes nicht funktionieren. Nach § 6 ESchG ist ein Verfahren verboten, das einen menschlichen Embryo mit der gleichen Erbinformation wie ein anderer Embryo, ein Fötus, ein Mensch oder ein Verstorbener entstehen lässt. Außerdem ist es nach § 6 Abs. 2 ESchG verboten, dass ein geklonter Embryo mit der gleichen Erbinformation auf eine Frau übertragen wird. Um das Klonen von Menschen vorzubeugen, hat der Gesetzgeber ein zweistufiges Verbot geregelt. Bei der Formulierung des Embryonenschutzgesetzes wusste der Gesetzgeber nicht, dass das Klonen über Zellkerntransfer möglich ist. Er kannte nur die Möglichkeit des Klonens durch Embryonensplitting, wodurch die künstlichen Mehrlinge die gleiche Erbinformation haben. Beim Klonen über Zellkerntransfer liegt das erste Auslegungsproblem darin, wie man den Begriff des „menschlichen Embryo" versteht. § 8 Abs. 1 definiert Embryo als die *bereits befruchtete*, entwicklungsfähige menschliche Eizelle vom Zeitpunkt der Kernverschmelzung an. Auch definiert § 8 Abs. 1 Embryo als jede einem Embryo entnommene totipotente Zelle, die sich bei Vorliegen der dafür erforderlichen weiteren Voraussetzungen zu teilen und zu einem Individuum zu entwickeln vermag. Ein Embryo, der durch Zellkerntransfer geklont wird, fällt nicht unter diese Begriffbestimmung, weil beim Klonen über Zelltransfer, also der Einführung eines Zellkerns mit dem genetischen Material in eine entkernte Eizelle, keine Befruchtung stattfindet.

Das *zweite* Auslegungsproblem liegt darin, wie man den Begriff „*gleiche Erbinformation*" auslegen kann. Ein durch Zellkerntransfer geklonter Embryo hat fast die gleiche Erbinformation wie ein Patient, von dem der Zellkern stammt. Die im Zellkern enthaltene Erbinformation ist zwar genetisch identisch mit der Erbinformation des Patienten, aber die in der entkernten Eizelle enthaltene Erbinformation ist eine andere. Ein kleiner Teil des Erbmaterials liegt in der Zelle außerhalb des Zellkerns in andern Zellbestandteilen (Zellorganellen) vor, die Mitochondrien des geklonten Embryos stammen je nach Verfahren überwiegend von der für die Zellkernübertragung benutzten, entkernten Eizelle[277]. Hat ein durch Zellkerntransfer geklonter Embryo „die gleiche Erbinformation" wie ein Patient, von dem der Zellkern stammt? Kann „die fast gleiche Erbinformation" auch „die gleiche Erbinformation" sein? Weil aus zwei unmöglichen Auslegungsproblemen ein geklonter Embryo kein Schutzobjekt des Embryonenschutzgesetzes und des § 6 I ist, ist er auch kein Objekt der Tötungspflicht nach § 6 Abs. 2. Nachdem die Erbinformation des Zellkerns einer somatischen Zelle verändert worden

recht, 2001, S. 326 ff; Gegen diese Meinungen Rosenau, Reproduktives und therapeutisches Klonen, in: FS für Schreiber zum 70. Geburtstag, 2003, S. 765 ff.
[277] Hillebrand/Lanzerath, Klonen, 2001, S. 13.

ist, kann ein Embryo durch Kerntransfer geklont werden. In diesem Fall hat der durch Kerntransfer geklonte Embryo nicht die gleiche Erbinformation wie ein Patient, von dem der Zellkern stammt. Das Verbot der künstlichen Veränderung menschlicher Keimbahnzellen (§ 5 Abs. 1) ist auch nicht betroffen, weil die somatische Zelle, aus der der Zellkern entnommen wird, keine Keimbahnzelle ist. Nach § 7 Abs. 1 Nr. 3 ist es verboten, durch Befruchtung einer menschlichen Eizelle mit dem Samen eines Tieres oder durch Befruchtung einer tierischen Eizelle mit dem Samen eines Menschen einen differenzierungsfähigen Embryo zu erzeugen. Aber es ist nicht verboten, sofern ein Zellkern einer somatischen Zelle nicht in eine menschliche Eizelle übertragen wird, sondern in eine tierische Eizelle, und zwar unabhängig davon, ob die Erbinformation des Zellkerns zuvor verändert wurde oder nicht. Es ist auch nicht verboten, einen auf diese Weise entstandenen Embryo auf eine Frau oder ein Tier zu übertragen (§ 7 Abs. 2). Man muss fragen, ob es möglich ist, die Lücken der Gesetzeswortlaute §§ 5, 6, 7, 8 ESchG bei den oben genannten drei Fällen durch die auf Zweck des Embryonenschutzgesetzes gestützte Interpretation zu beseitigen.

Um diese Gesetzeslücken zu schließen, braucht man meines Erachtens keine Lückenausfüllung mit der teleologischen Interpretation, sondern die Gesetzesänderung. Ein gutes Beispiel hierzu: wie § 8 Abs. 1 ESchG hatte der „Human Fertilisation and Embryology Act" in Großbritannien die gleiche Definition des Embryos. Er definiert einen Embryo als „einen lebenden menschlichen Embryo, bei dem die Befruchtung abgeschlossen ist". Die von der katholischen Kirche unterstützte Organisation Pro-Life Alliance hat Einspruch gegen das „Human Fertilisation and Embryology Act" eingereicht und das Gericht gab den Klägern Recht, da nach der Formulierung des Gesetzes ein durch Klonen hergestellter Organismus kein Embryo ist[278]. Nach diesem Urteil ist „Human Reproductive Cloning

---

[278] High court of justice co/4095/2000: The central issue in this application for judicial review is whether the organism created by cell nuclear replacement ("CNR"), an organism often referred to as an "embryo", falls within the definition of "embryo" in section 1(1) of the Human Fertilisation and Embryology Act 1990.

Tabelle 2: "an embryo where fertilisation is complete"

	Where fertilisation is complete
Clamant: Pro-Life Alliance	An embryo that has not been produced by fertilisation cannot be an "embryo where fertilisation is complete."
Defendant: Secretary of State for Health	The essential concept is "a live human embryo". The subsection should be read as if the words were, in effect, "a live human embryo, where (if it is produced by fertilisation) fertilisation is complete.

Act" 2001 verabschiedet worden, um zu verbieten, einen durch somatischen Zellkerntransfer geklonten Embryo auf eine Frau zu übertragen[279].

III. Kommunikationsfähigkeit des prozeduralen Biorechts

Man kann einen wichtigen Grund der Nichtwirkung des regulatorischen Biostrafrechts darin finden, dass es nicht mehr kommunizieren kann. Es will das geregelte Biowissenschaftssystem nur regulieren und nicht mit ihm kommunizieren. Es verliert seine Kommunikationsfähigkeit, indem es das Vertrauen des geregelten Biowissenschaftssystems verliert. In der Kommunikationsgesellschaft muss das Recht Kommunikation über Bedeutung sicherstellen[280].

Judge: Mr. Justice Crane	The question is whether to insert the additional words (if it is produced by fertilisation) is permissible. It would involve an impermissible re-writing and extension of the definition to insert theses words.

[279] Deutsches Referenzzentrum für Ethik in den Biowissenschaften, Dossier, Klonen beim Menschen, 2003, S. 340.
[280] Eder, Prozedurales Recht und Prozeduralisierung des Rechts, in: Grimm (Hrsg.), Wachsende Staatsaufgaben – sinkende Steuerungsfähigkeit des Rechts, 1990, S. 167; Klaus Eder nähert sich vor allem dem Thema „Prozeduralisierung des Rechts" mit einigen begrifflichen Klärungen, die besonders hervorstechen. Er unterscheidet begrifflich zwischen dem regulativen Recht und dem prozeduralen Recht. Während das regulative Recht auf Sicherung von Kollektivgütern zielt, zielt das prozedurale Recht auf Konfliktlösung durch rechtlich geregelte Koordination (Kommunikation im Rechtssystem) (aaO, S. 156). Aus dem ersten Unterschied erklärt sich der zweite Unterschied. „Das prozedurale Recht unterscheidet sich vom regulativen Recht dadurch, dass es rechtliche Regeln für die rechtliche Normierung sozialer Verhältnisse (für ihre Regulierung) formuliert. [...] Die spezifische Leistung prozeduralen Rechts ist die Lösung des Problems der Koordnation individueller bzw. kollektiver Akteure in einer sich differenzierenden und zunehmend antagonistischen sozialen Welt (aaO, S. 156)." Dabei erklärt er die Notwendigkeit des prozeduralen Rechts zum einen mit den Problemen des regulativen Rechts. „Doch die Kosten bestehen darin, dass Recht nicht mehr kommuniziert werden kann. Die Rechtsinteressenten werden zum Publikum professionalisierter Selbstreproduktion des Rechtssystems. Die damit verbundenen Legitimitätsverluste verstärken den Verlust der Regulierungsfähigkeit des Rechts. Das regulative Recht verliert nicht nur Effizienz, sondern auch Legitimität (aaO, S. 158)." Zum anderen behauptet er die Notwendigkeit des prozeduralen Rechts mit dessen Effizienz und Legitimität. „Prozeduralisierung des Rechts heißt also zunächst Kommunikation über prozedurales Recht. Sie ist zunächst Steigerung der Effizienz prozeduraler Selbstregulierung des Rechts. Prozeduralisierung des Rechts ist aber noch mehr: Sie beinhaltet über eine Ausdehnung prozedural geregelter Lebensbereiche auf Kosten regulativen Rechts hinaus eine verstärkte Abhängigkeit der Legitimität des Rechts von Gesichtspunkten prozeduraler Rationalität (aaO, S. 157)." Die Legitimitätsverluste und die Effizienzverluste beim regulativen Recht kann man mit der Steigerung der Effizienz durch prozedurale Selbstregulierung und der Legitimität durch prozedurale Rationalität beim prozeduralen Recht vergleichen (Die überforderte Übernahme der sozialen Funktionen mit dem regulativen Recht, die Kommunikationsfähigkeitsverluste des regulativen Rechts, die Steigerung der Effizienz durch prozedurale Selbstregulierung und die Legitimität durch prozedurale Rationalität).

Im Forschungsbereich, der unter den Bedingungen steht, dass materielle Kriterien nicht mehr existieren und der mit dem direktregulierungsorientierten Biostrafrecht nicht mehr kommuniziert, benötigen wir ein neues Rechtskonzept: *Prozeduralisierung des Biorechts*. „*Prozedurales Recht* bezeichnet das Recht als ein *Kommunikationssystem*, dessen Komponente (strukturelle Komponente, operative Komponente und reflexive Komponente) darauf gerichtet sind, die Rationalität des Rechts durch Verfahren zu steigern[281]." *Im Gegensatz zum regulatori-*

Besonders untersucht er den Begriff der prozeduralen Rationalität als Schlüsselbegriff der Prozeduralisierung des Rechts. „Der Begriff der prozeduralen Rationalität nimmt eine Schlüsselstellung für das theoretische Verständnis der „Prozeduralisierung des Rechts" ein (aaO, S. 158)." Für die prozedurale Rationalität braucht das Recht die Erhöhung der Rationalität durch kommunikative Verflüssigung rechtliche Normen (aaO, S. 158). Diese kommunikative Rationalität ist mit der Erosion kultureller Traditionen und naturrechtlicher Vorstellungen verbunden. „Die Verwendung dieses Begriffs (Prozeduralisierung) wird durch die zunehmende Erosion kultureller Traditionen und naturrechtlicher Vorstellungen, die das Rechtsdenken bislang beherrscht haben, erzwungen. Wo es keine substantiellen Grundlagen mehr für Rationalitätsannahmen gibt, müssen diese in der Gesellschaft selbst gesucht werden. Die Ethik hat darauf mit der Radikalisierung der Kantischen Ethik in Richtung auf eine prozeduralistische Ethik reagiert (aaO, S. 159)." „Auf dem Weg in die Kommunikationsgesellschaft soll das Recht nicht als Medium der regulatorischen (interventionistischen) Politik, sondern als Institution, die „Partizipation" herstellt und die kommunikative Struktur sicherstellt (aaO, S. 161, 167, 172).

[281] Calliess, Prozedurales Recht, 1999, S. 180, 267; Calliess untersucht in seiner Dissertation „Prozedurales Recht" eine Theorie des Rechts als Kommunikationssystem in einer Kommunikationsgesellschaft, die sich als einem neuen Rechtsparadigma jenseits von formaler und materialer Rationalität versteht. Er nimmt die rechtssoziologische »Recht-in-der-Gesellschaft« Perspektive, nach der Veränderungen in der Rationalitätsstruktur des Rechts auf Veränderungen in der Gesellschaft zurückgeführt werden (Calliess, Prozedurales Recht, 1999, S. 12), und analysiert das Thema „Gesellschaft, Staatsaufgaben und drei Rechtsparadigmen", also die Evolution des Rechts durch formale, materiale und prozedurale Rationalisierung (aaO, S. 89). Im zweiten Kapitel seiner Dissertation entwirft er eine Theorie des prozeduralen Rechts. Hier ist das Verständnis der Gesellschaft als Kommunikationsgesellschaft und des Rechts als Teilsystem in dieser Kommunikationsgesellschaft entscheidend, um gleichzeitig die Probleme der Steuerungsunfähigkeit des regulatorischen Rechts und die Probleme der modernen Risikogesellschaft zu lösen (aaO, S. 92). Er untersucht das Recht als Kommunikations- und Handlungssystem vor allem mit der Gesellschaftstheorie von Niklas Luhmann und der Gesellschaftstheorie von Jürgen Habermas (aaO, S. 145 ff). „Recht meint hier nicht eine bestimmte Art von Normen, sondern das Recht als Handlungs- und Kommunikationssystem in der Gesellschaft. Prozedural meint weniger Verfahren im rechtstechnischen Sinne als eine bestimmte Weise der Selbstorganisation des Rechts (aaO, S. 267)." Im dritten Kapitel seiner Dissertation geht es um Anwendung und Konkretisierung der im zweiten Kapitel entworfenen Theorie prozeduralen Rechts. Er verbindet hier zwischen der Evolution des Rechts durch formale, materiale und prozedurale Rationalisierung, die das Leitthema der ersten Kapitel ist, und dem im zweiten Kapitel entwickelten Schlüsselbegriffs der strukturellen Kopplung: formale, materiale und prozedurale Kopplungen (aaO, S. 188 ff). Wo die formale und die materiale Kopplung Legitimität und Effektivität verloren haben, gewinnt die prozedurale Kopplung an Bedeutung. „Solches selbstgesetztes Recht ist deshalb nicht nur legitim, sondern als „sich-selbst-vollziehendes-Arrangement" auch effektiv. Damit ist die Kernidee des reflexiven Rechts angesprochen: Das Recht soll durch einen Ausbau struktureller Kopplungen gleichzeitig an Legitimität und Effektivität gewinnen (aaO, S. 183)." Formale strukturelle Kopplung meint, dass das

schen Biostrafrecht versucht das prozedurale Biorecht mit dem geregelten Bio-
wissenschaftssystem durch Organisation (z. B. Ethikkommission) und Verfahren
zu kommunizieren. Das Biorecht soll kein Ort sein, wodurch objektive Wertnormen oder paternalisierte Regelnormen geregelt wird, sondern ein Ort, wo die
Kommunikation zwischen dem Biorechtssystem, dem Biowissenschaftssystem
und der Biopolitik möglich ist. Daraus kann man folgern, dass die Möglichkeit
der Prozeduralisierung des Biorechts aus der Kommunikationsfähigkeit des prozeduralen Biorechts entstanden ist. Bei der Stammzellenforschung mit der überzähligen Embryonen funktioniert das prozedurale Biorecht meines Erachtens als
strukturelle Kopplung zwischen dem Biorechtssystem, dem Biopolitiksystem
und dem Biowissenschaftssystem[282].
Aber nicht die Legitimität der Entscheidung durch Verfahren, sondern nur die
Legitimität des prozeduralen Biorechts kann mit diesen Bedingungen der Kommunikation gewährleistet werden. *Allgemein (nur tautologisch) kann man sagen,*
dass die Legitimation durch Verfahren gelingen kann, wenn die prozedurale
Richtigkeit gewährleistet wird. Die Frage, wie man die prozedurale Richtigkeit

Recht fremde Entscheidungen in seine Struktur importiert, ohne die Rationalität dieser Entscheidungen anhand materieller Kriterien zu überprüfen (aaO, S. 183). Mit der Entwicklung vom formalen
Rechtsstaat zum materiellen Rechtsstaat und von der freien Marktwirtschaft zur sozialen Marktwirtschaft ändert sich der Stil der Kopplung in Richtung materieller Kopplung. Aber mit der Krise des
Rechtsstaats, der Krise des Sozialstaats und der Steuerungskrise des Rechts, die die materielle Kopplung durch „imperialistische Besserwisserei" bringen, ändert sich der Stil der Kopplung wieder in
Richtung prozeduraler Kopplung. Calliess sieht die Verluste der Legitimität und der Effektivität des
Strafrechts in der Risikogesellschaft (aaO, S. 216). Am Ende seiner Dissertation nimmt er die Kom-
missionskontrolle in Gentechnik und Humangenetik als ein Beispiel des reflexiven Rechts für die
Evolution neuartiger struktureller Kopplungen zwischen Recht, Politik und Wissenschaftssystem (a-
aO, S. 224 ff).
[282] Dies kann man mit der systemtheoretischen These über »operative Geschlossenheit« und »strukturelle Kopplung« erklären. Operative Geschlossenheit heißt, dass das System nur in Bezug auf sich
selbst operiert. Das Rechtssystem ist ein autopoietisches System, also ein System operativer Geschlossenheit. Das Wissenschaftssystem ist auch ein System operativer Geschlossenheit. Wegen der
doppelten Autopoiese ist die direkte Intervention unmöglich. Aber Geschlossenheit darf nicht als
Abgeschlossenheit verstanden werden (Luhmann, Das Recht der Gesellschaft, S. 43). Vielmehr ist
Offenheit nur auf Grund von Geschlossenheit möglich (aaO, S. 76). Die Geschlossenheit ist die Bedingung der Offenheit. Wegen der doppelten operativen Geschlossenheit denkt man über die Möglichkeiten der strukturellen Kopplung. Operative Geschlossenheit, die nicht als Abgeschlossenheit
verstanden werden darf, bietet den Weg zum strukturellen Kopplung an. In der Theorie der autopoie-
tischen Systeme gibt es wegen der operativen Geschlossenheit des Systems keine operativen Kopplungen zwischen Systemen, sondern nur strukturelle Kopplungen. Der Begriff der strukturellen
Kopplung beschreibt, wie Systeme miteinander kommunizieren können, obwohl sie operativ gegeneinander geschlossen sind. Über »operative Geschlossenheit« und »strukturelle Kopplung« Luhmann,
Die Wissenschaft der Gesellschaft, 1992, S. 302 ff, ders., Das Recht der Gesellschaft, 1995, S. 38 ff,
S. 440 ff; ders., Die Gesellschaft der Gesellschaft, 1998, S. 92 ff; ders., Einführung in die Systemthe-
orie (Hrsg. Baecker), 2004, S. 91 ff.

beim Biorecht sicherstellen kann, steht zwar im Zusammenhang mit der Frage, ob man mit der Prozeduralisierung des Biorechts die Bedingungen der Kommunikation schaffen kann, aber die Fragen sind unterschiedlich zu beantworten. Für die Legitimation durch Verfahren im Biorecht braucht man noch weitere Voraussetzungen.

IV. Grenzen des prozeduralen Biorechts

Angesichts des Nichtvorliegens der materiellen Kriterien, der Nichtwirkung des regulativen Biostrafrechts und der Kommunikationsfähigkeit des prozeduralen Biorechts bietet sich das prozedurale Biorecht durch die Ethikkommission als Wegweiser zur prozeduralen Rationalität und funktioniert dabei als indirektes Steuerungsmittel. Aber diese Funktionen als Wegweiser zur prozeduralen Rationalität und als indirektes Steuerungsmittel können nur wirksam gewährleistet werden, wenn sie mit der prozeduralen Richtigkeit verbunden sind. Man braucht deshalb die Priorität, die materielle Richtigkeit vor die prozedurale Richtigkeit zu setzen, und ein System, das die Reflexionsfunktion gewährleisten kann. *Die Wirkung des Zauberkonzepts „Prozeduralisierung des Rechts" fängt erst bei der Wahrnehmung ihrer Grenzen an.*

Erstens entsteht die Legitimität der Prozeduralisierung des Rechts aus der Grenzenziehung zum materiellen Recht. Wo es klare materielle Kriterien gibt, mit denen man die Stammzellenforschung beurteilen kann, kann die Prozeduralisierung des Biorechts nicht gerechtfertigt werden. Für die Erläuterung der weiteren Möglichkeiten des prozeduralen Biorechts müssen wir unbedingt die Grenzen desselben abstecken. Die Prozeduralisierung des Biorechts bedeutet nicht, dass der materielle Teil nicht mehr nötig ist. Vielmehr bedeutet sie eine angemessene Grenzziehung zwischen dem materiellen und dem prozeduralen Teil. *Der materielle und der prozedurale Teil befinden sich in dem Verhältnis, dass eine Seite die überforderten Lasten der anderen Seite erleichtert.*

Zweitens müssen die Voraussetzungen der Argumentation im Verfahren gehalten werden. Die Suche nach der richtigen Entscheidung mit den materiellen Kriterien wird durch die Einhaltung der Argumentationsregeln ersetzt, wenn die materiellen Kriterien fehlen. Dabei muss das Verfahren die Rolle der wirklichen Kontrolle spielen. Das Verfahren darf nicht nur Rechtfertigungsfunktion haben. Besonders sollte die Ethikkommission interdisziplinär besetzt und für die Kritik der Öffentlichkeit offen sein. Obwohl die moderne Forschung den Charakter „Technikkontrolle durch Technik" hat, sollte die Entscheidung nicht nur auf Spezialis-

115

ten angewiesen sein. Die Voraussetzungen der Argumentation im Verfahren sind *meines Erachtens* auch materielle Kriterien. Wenn die Voraussetzungen der Argumentation im Verfahren nicht erfüllt sind, kann das Ergebnis der Entscheidung keine prozedurale Richtigkeit gewährleisten. Die prozedurale Richtigkeit entsteht nicht aus dem Verfahren selbst, sondern braucht weitere Voraussetzungen. *Ohne die Bemühungen, die Voraussetzungen der Argumentation im Verfahren zu erfüllen, kann die Ethikkommission nur ein Instrument zur Rechtfertigung sein*[283]. *Drittens* muss die Prozeduralisierung des Biorechts mit der Lernfähigkeit der Ethikkommission verbunden sein. Die schwierige Aufgabe der Entscheidungsfindung der Ethikkommission unter Ungewissheiten kann mit der Lernfähigkeit der Ethikkommission erleichtert werden, die aus früheren verschiedenen Entscheidungen kommt. Die Entscheidungen der Ethikkommission bei der Stammzellenforschung sind manchmal sehr schwierig, weil selbst spezialisierte Wissenschaftler nicht in der Lage sind, die Gefahr und das Risiko der neu entwickelnden Biotechnik zu erfassen. Die Ungewissheiten über die Gefahr und das Risiko der modernen Biotechnik führen zur Entscheidungssituation unter den Bedingungen der Ungewissheiten, d.h. unter dem Risiko unerwünschter Folgen. Die Entscheidung selbst birgt in sich auch das Risiko der Fehlentscheidung. Die Ethikkommission kann das Risiko der modernen Biotechnik richtig einschätzen, aber auch unter- oder überschätzen. Sie kann auch ihre Funktion der präventiven Forschungskontrolle überschätzen. Aber auf der anderen Seite verfügt sie über die Informationen, die aus früheren Entscheidungen herrühren. Sie kann und muss sich auch auf neuen Informationsfluss einstellen. Außerdem soll sie die Reaktion der Öffentlichkeit über die moderne Technik beachten. Wenn die Ethikkommission keine Lernfähigkeit und keine Reflexionsfähigkeit hat, ist sie nicht in der Lage, immer komplexer werdende Entscheidungsprobleme zu lösen. Bei jeder Ent-

---

[283] Es ist besonders in den Ländern schwierig, wo das Verfahren immer noch nur die Funktion hat, die Logik der Macht zu rechtfertigen, von der Ethikkommission die richtige Funktion zu erwarten. Die Prozeduralisierung des Rechts ist meines Erachtens nur in den Ländern möglich, wo die Formalisierung und die Materialisierung des Rechts als These und Antithese im Widerspruchverhältnis befinden. In diesem Zusammenhang begründen einige Wissenschaftler das Drei-Stadien-Modell der Rechtsentwicklung (Teubner, Reflexives Recht, Entwicklungsmodelle des Rechts in vergleichender Perspektive, ARSP 1982, S. 13 ff, Klaus Günther, Der Wandel der Staatsaufgaben und die Krise des regulatorischen Rechts, in: Grimm (Hrsg.), Wachsende Staatsaufgaben – sinkende Steuerungsfähigkeit des Rechts, 1990, S. 51 ff, Habermas, Faktizität und Geltung, 1992, S. 468 ff). Allerdings kann man in den Ländern, die die Materialisierung des Rechts noch nicht verwirklicht haben, die Krise des regulatorischen Rechts in den Ländern rekurrieren, die die Materialisierung des Rechts bereits verwirklicht haben. Aber man soll das Risiko nicht außer Acht lassen, dass die Prozeduralisierung des Rechts in den Ländern, die die Materialisierung des Rechts noch nicht verwirklicht haben, das Vorliegen der materiellen Kriterien nicht beachtet.

scheidung soll sie nicht die Verantwortung auf andere Instanzen verschieben, sondern sie übernehmen. Sie soll verantwortungsvoll über aktuelle, spezialisierte Informationen verfügen und auf die Meinungen der Öffentlichkeit hören. Trotz aller Bemühungen kann die Leistung der Ethikkommission überfordert werden. In diesem Fall soll sie verantwortungsvoll keine Entscheidung treffen. Nicht das prozedurale Biorecht, das das Verfahren und die Organisation vorschreibt, sondern nur das prozedurale Biorecht, das über Kontrollfunktion wirklich verfügt, kann die Überforderung des modernen Biostrafrechts erleichtern. Deswegen ist es ganz wichtig, mit der Lern- und Reflexionsfähigkeit der Ethikkommission die Leistungsfähigkeit zu steigern. Man kann allgemein sagen, dass die Kopplungsfähigkeit des prozeduralen Biorechts von seiner Leistungsfähigkeit abhängt. Darin liegt eine Grenze für die Prozeduralisierung des Biorechts.

V. Erfüllung der staatlichen Schutzpflicht mit dem prozeduralen Biorecht

Zuerst muss man bei der Gestaltung der staatlichen Pflicht in der Embryonenforschung vor allem zugestehen, dass das Verständnis der staatlichen Schutzpflicht von dem *Vor*verständnis über den Status des Embryos *in vitro*, dem über Gefahr, Risiko und Unsicherheit der Stammzellenforschung und dem über Normen des Gattungsselbstverständnisses abhängig ist. Wenn man behauptet, dass der Embryo *in vitro* der Träger der unabwägbaren Menschenwürde und des Lebensrechts ist, behauptet man auch, dass der Staat zum Schutz des Embryos *in vitro* nur mit einem starken Strafrecht verpflichtet ist. Wenn man behauptet, dass Gefahr, Risiko und Unsicherheit der Stammzellenforschung die Identität der Gesellschaft verletzen, behauptet man auch, dass der Staat zum Verbot der Stammzellenforschung mit dem Strafrecht verpflichtet ist. Und wenn man behauptet, dass die Stammzellenforschung selbst das Selbstverständnis der Gattung verletzt, behauptet man gleichzeitig, dass der Staat zum Verbot der Stammzellenforschung mit dem Strafrecht verpflichtet ist. Aber wenn man behauptet, dass der Embryo *in vitro* kein Träger der Menschenwürde ist, und Gefahr, Risiko und Unsicherheit der Stammzellenforschung mit einem angemessen Rechtsmittel kontrolliert werden können, und die Stammzellenforschung das Selbstverständnis der Gattung nicht verletzt, behauptet man, dass die staatliche Schutzpflicht durch ein anderes Gesetz als ein starkes regulatorisches Strafrecht erfüllt werden kann. Josef Isensee ist der Meinung, dass der Embryo *in vitro* nicht in der Lage ist, sich aus eigener Kraft der Gefahr zu erwehren, obwohl er der Träger der Menschenwürde und des Lebensrechts ist, deswegen die staatliche Schutzpflicht mit dem starken

Biostrafrecht wie Embryonenschutzgesetz erfüllt werden muss[284]. Aber Hasso Hofmann ist der Meinung, dass der Embryo *in vitro* kein Träger der Menschenwürde und des Lebensrechts ist und deswegen die staatliche Schutzpflicht anders erfüllt werden kann[285].

Mit der staatlichen Schutzpflicht ist besonders *das Untermaßverbot* verbunden[286]. Obwohl der Gesetzgeber bei der Erfüllung der staatlichen Schutzpflicht den Gestaltungsspielraum hat, insofern er das Untermaßverbot nicht verletzt, ist es nicht leicht, das Untermaß zu bestimmen, weil das Bundesverfassungsgericht aus den subjektiven Abwehrrechten eine objektive Wertordnung deduziert und sie als Grundlage der objektiven Schutzpflicht bestimmt hat[287]. Nicht nur in Bezug auf den Status des Embryos *in vitro*, sondern auch in Bezug auf Gefahr, Risiko und Unsicherheit der Stammzellenforschung und auch in Bezug auf das Selbstverständnis der Gattung kann man deswegen zwischen der subjektivgrundrechtsbezogenen Schutzpflicht und der objektivrechtlichen Schutzpflicht nicht unterscheiden.

Aber man muss meines Erachtens beide Schutzpflichten unterscheiden, wenn man den Grundgedanken der objektiven Wertordnung verneint. Zum Beispiel ist die subjektivgrundrechtsbezogene Schutzpflicht in Bezug auf Gefahr, Risiko und

---

[284] Isensee, Der grundrechtliche Status des Embryos, in: Höffe/Honnefelder/Isensee/Kirchhof (Hrsg.), Gentechnik und Menschenwürde, 2002, S. 51. „Die extrakorporale Frucht bedarf des besonderen Schutzes durch die Rechtsordnung, weil die leibliche Schutzbeziehung zur Mutter nicht besteht (aaO, S. 59 f).“

[285] Hofmann, Die versprochene Menschenwürde, AöR 118 (1993), S. 376. „Der Embryo ist als solcher kein mögliches Subjekt eines sozialen Achtungsanspruchs, gleichwohl selbstverständlich mögliches Schutzobjekt einer Rechtspflicht. Unter dem Aspekt des Art. 1 GG kann die Frage hier nur sein, welchen Schutz wir dem ungeborenen Leben um unserer Selbstachtung willen schulden.“

[286] Reinhard Merkel unterscheidet in Bezug auf den strukturellen Unterschied der Normtypen zwischen dem Eingriff- und Verletzungsverbot und der Schutzpflicht. In Bezug auf die Schutzpflicht erwähnt er den Begriff des Beurteilungsspielraums und des Untermaßverbotes und die daraus folgende Möglichkeit zahlreicher Kontroversen. „Vor allem (aber nicht nur) gilt es für die Frage nach der »Untermaßgrenze« für den gebotenen staatlichen Schutz. Denn dabei geht es ersichtlich um einen in hohem Grade unbestimmten, normativen Begriff. Da er dem Staat einen breiten Spielraum zur Bestimmung und Verwirklichung des Gebotenen belässt, eröffnet er die Möglichkeit zahlreicher Kontroversen, die aus unterschiedlichen Wertungen entstehen und insofern auf jeweils schwer oder unbeweisbaren Argumenten beruhen.“ (Merkel, Forschungsobjekt Embryo, 2002, S. 44 f). Josef Isensee sagt über „den mehr oder weniger Charakter der Schutzpflicht als Optimierungsgebot“ (Isensee, Das Grundrecht als Abwehrrecht und als staatliche Schutzpflicht, in: Kirchhof (Hrsg.), Handbuch des Staatsrechts der Bundesrepublik Deutschland, Bd. 5, 2000, S. 218). Besonders funktioniert sich das Gesetz als Medium der Schutzpflicht. Der Gesetzgeber muss festlegen, mit welchen Mitteln die Schutzpflicht erfüllt wird (aaO, S. 225 ff). Und die grundrechtliche Schutzpflicht schafft den Gesetzen, die sie realisieren, materielle Legitimation (aaO, S. 228 ff).

[287] Isensee, Das Grundrecht als Abwehrrecht und als staatliche Schutzpflicht, in: Kirchhof (Hrsg.), Handbuch des Staatsrechts der Bundesrepublik Deutschland, Bd. 5, 2000, S. 239.

Unsicherheit der Stammzellenforschung auf das Recht auf Sicherheit bezogen, während die objektive Schutzpflicht auf Sicherheit als gesellschaftlicher Wertbegriff bezogen ist. Erst mit der Unterscheidung der beiden Schutzpflichten kann man die Erweiterung der Sicherheit als gesellschaftlicher Wertbegriff durch die objektive Schutzpflicht kritisieren. Erfüllt der Staat seine Schutzpflicht mit der Biostrafrechtsgestaltung, wenn er die Fälle festhält, wo das Recht auf Sicherheit verletzt wird oder nur objektivrechtlich unabhängig von dem Recht auf Sicherheit? Die Frage der Schutzpflicht ist mit der Frage verbunden, ob die Sicherheit als gesellschaftlicher Wertbegriff oder als personales Bedürfnis verstanden wird. Die Schutzpflicht des Staates ist von sich selbst nicht bestimmt, sondern nach den Prämissen unterschiedlich verstanden, wie der Inhalt der Schutzpflicht bestimmt wird. Die Angst vor dem Zusammenbruch der vorgegebenen Ordnung führt zur Erweiterung der Sicherheit und zur Erweiterung der präventiven Funktion des Strafrechts. Die Sicherheit wird hier nicht mehr als subjektives Recht, sondern als objektives Recht verstanden. Besonders wenn man das Biostrafrecht als Normen der Gattungsgesellschaft und des Menschenbildschutzes versteht, ist die Schutzpflicht des Staates auf eine objektive Ebene zu verweisen. Und beim therapeutischen Klonen, wo es sich um die Orientierungssicherheit handelt, ist der Unterschied zwischen beiden Kriterien unklar.

Außerdem stellt sich die Frage, ob der Staat seine Schutzpflicht mit der Gesetzgebung erfüllen kann, nämlich mit dem starken Mittel „Biostrafrecht" oder mit dem prozeduralen Biorecht. Folgt man der Auffassung, dass die Orientierungssicherheit außer dem Strafrecht nicht gewährleistet werden kann, braucht man das starke Biostrafrecht. Folgt man der Auffassung, dass die Orientierungssicherheit durch Verfahren gewährleistet werden kann, braucht man das prozedurale Biorecht, dessen Nichthaltung mit dem Biostrafrecht bestraft wird.

Die Forschung und die Technologie haben die Funktion der Förderung der neuen Chancen. Sie haben auch die Funktion, dass sie Risiken und Ungewissheiten, die sie hergestellt haben, mit Hilfe von wissenschaftlichen Forschungen und technologischen Entwicklungen zu Sicherheiten führen müssen. Beim therapeutischen Klonen geht es auch um diese Doppelfunktion, um Chancen und Risiken. Außerdem wagt man nicht nur das Risiko, sondern auch die Unsicherheit. Während der Unsicherheit strebt man gleichzeitig nach Sicherheit. Mit dem unsicheren Gefühl kann die Verletzung des Rechts auf Sicherheit nicht gerechtfertigt werden. Deswegen muss man die konkrete Verletzung des Rechts auf Sicherheit oder den Orientierungsverlust beweisen. Wenn die Sicherheit und die Orientierung durch Verfahren gewährleistet werden, kann Verzicht auf Risiko gerade

Verzicht auf Rationalität bedeuten. Die Erweiterung des Biostrafrechts in den Bereichen der Risiken kann man besonders mit der Einführung des Verfahrens korrigieren, insofern man mit den Normen der Verfahren Risiken minimieren, Sicherheit vermitteln und Orientierung gewährleisten kann. „Verzicht auf Risiken heißt, speziell unter heutigen Bedingungen, Verzicht auf Rationalität. Und trotzdem bleibt ein Unbehagen. Man hat der rationalistischen Tradition ganz generell vorgeworfen, dass sie nicht sieht, was sie nicht sieht[288]". Insofern moderne Risiken die Orientierungssicherheit nicht verletzen und das Verfahren sie kontrollieren kann, kann die Lösung mit dem Biostrafrecht durch Lösung mit dem prozeduralen Biorecht ersetzt werden. *Das prozedurale Biorecht bietet die Regeln der Kommunikation über Risikobeseitigung, und das Biostrafrecht verbietet die Nichteinhaltung dieser Regeln[289]. Das Biorecht reguliert nur die Bedingungen des Verfahrens, und das Biostrafrecht kann nur verwendet werden, wenn diese Bedingungen des Verfahrens nicht erfüllt werden können. Dadurch kann man die angemessene Lösung für die unterforderte Leistung und die überforderte Leistung des Strafrechts finden. Hinter diesem Gedanken verbürgt sich das Vertrauen zum Verfahren. Hier gewinnt das Verfahren die Dimension der Normen in der heutigen Gesellschaft. Aber man sollte nicht außer Acht lassen, dass die Effektivität des prozeduralen Biorechts sehr eng mit der Legitimität des prozeduralen Biorechts verbunden ist.*

[288] Luhmann, Soziologie des Risikos, 1991, S. 22.
[289] Über die wachsende Rolle prozeduraler Elemente in der Gestaltung und Handhabung des Strafrechts Eser, Sanktionierung und Rechtfertigung durch Verfahren, Eine Problemskizze, in: FS für Hassemer zum 60. Geburtstag, KritV Sonderheft 2000, S. 43 ff; Ich interessiere mich von vielen Fragestellungen von Frank Saliger besonders für die Frage „Verändert prozedurale Legalisierung die Aufgabe von Strafrecht und wenn ja, in welcher Hinsicht? (Saliger, Legitimation durch Verfahren im Medizinrecht, in: Bernat/Kröll (Hrsg.), Recht und Ethik der Arzneimittelforschung, 2003, S. 126)" und seine Antwort „Proceduralisierung eignet mit seiner ex-ante-Prüfperspektive ein präventiver Rechtstyp, der dem Strafrecht mit seiner ex-post-Prüfperspektive, also der Prüfung einer Handlung erst nach ihrer Vornahme, fremd ist und seine Möglichkeiten übersteigt. Nicht zufällig ist die ex-ante-Prüfperspektive von Proceduralisierung bislang im Zivil- und öffentlichen Recht beheimatet und dort stabil verankert. Die zunehmende Implementation von Proceduralisierung im Medizinrecht führt also dazu, dass im Anwendungsbereich von Proceduralisierung Strafrecht zurücktreten muss zugunsten von Zivil- und öffentlichrechtlichen Steuerungsmechanismen (aaO, S. 169)."

VI. Steuerungsfähigkeit des regulatorischen Biostrafrechts
unter den Bedingungen der Kommunikation mit dem prozeduralen Biorecht

Das stärker moralisierende Biostrafrecht kann gleich ein wenig effizientes Biostrafrecht sein. „Strafrecht verspricht mehr, als es halten kann; schlimmer: Es richtet dabei mehr Schaden als Nutzen an. [...] Kann man insoweit von einem wiederum stärker *moralisierten* Strafrecht sprechen, so kann man andererseits beobachten, dass es ein wenig effizientes und vielleicht nicht einmal auf Effizienz angelegtes Strafrecht ist[290]." Unter dem starken regulatorischen Biostrafrecht, das die Forschung mit überzähligen Embryonen verbietet, versucht die Forschung die Anwendung des Biostrafrechts zu vermeiden. Vielleicht kann die Forschung aber im Intimbereich passieren.

Cornelius Prittwitz differenziert in seinem Aufsatz „Strafrechtliche Aspekte von HIV-Infektion und Aids" zwischen der erhofften Wirksamkeit strafrechtlicher Normen auf HIV-Infizierte einerseits, auf Ärzte und Krankenhauspersonal andererseits. „Die steuernde Kraft des Strafrechts auf das Verhalten HIV-Infizierter dürfte schon deswegen besonders gering sein, weil es bei ihnen um Verhalten im Intimbereich geht, das erfahrungsgemäß von Strafrechtsnormen (ja schon mit ihrer Androhung) unumgängliche Stigmatisierung (in einem nicht notwendig kritischen Sinn des Wortes) kann kontraproduktiv sein, wenn sie auf Gruppen trifft, die schon aus anderen Gründen gesellschaftlich stigmatisiert sind oder sich als stigmatisiert empfinden. Ganz anders stellt sich die Lage bezüglich von Ärzten und Krankenhauspersonal als potentialen Adressaten von Strafrechtsnormen dar. *Ihr potentiell strafbares Verhalten (Vornahme „heimlicher" Tests; Ablehnung von (Weiter-)Behandlung; Bruch der Schweigepflicht) fällt in die Kategorie professionellen, wenn nicht alltäglichen, so doch vorhersehbaren Verhaltens einer relativ kleinen Gruppe. Diese Besonderheiten erlauben die Hoffnung, dass von diesem Normadressatenkreis vergleichsweise rationales und gesetzestreues Verhalten erwartet werden kann, strafrechtliche Normsetzung und Normanwendung also eine (wiederum vergleichsweise) hohe regulative Kraft entfalten könnten[291].*" Statt der Verhaltensnormtheorie, dass die Verhaltsnormen direkt an allen Bürgern als Rollenträger (Person) gerichtet sind, sehe ich die Möglichkeit der Verhaltensnormtheorie, dass die Verhaltensnormen an den professionellen Gruppen als Rollenträger (Person) gerichtet sind.

---

[290] Prittwitz, Aids-Bekämpfung – Aufgabe oder Selbstaufgabe des Strafrechts?, KJ 1988, S. 304 ff.
[291] Prittwitz, Strafrechtliche Aspekte von HIV-Infektion und Aids, in: ders.(Hrsg.), Aids, Recht und Gesundheitspolitik, 1990, S. 128 (Hervorhebung durch den Autor).

Hier sollte man *meines Erachtens* zwischen der erhofften Wirksamkeit strafrechtlicher Normen auf die Forscher, die nur unter dem starken regulatorischen
Biostrafrecht sind, und auf die Forscher, die sowohl unter dem starken regulatorischen Biostrafrecht als auch unter dem prozeduralen Biorecht sind, differenzie-
ren. Denn die Kommunikation mit dem regulatorischen Biostrafrecht ist nur unter der Kommunikation mit dem prozeduralen Biorecht möglich. Wenn die angemessene strukturelle Kopplung zur Kommunikation zwischen dem geregelten
Biowissenschaftssystem, der Biopolitik und dem Biorechtssystem durch das prozedurale Biorecht gelingen kann, ist die Kommunikation durch das starke regulatorische Biostrafrecht auch möglich, wo das regulatorische Biostrafrecht reguliert. Unter diesen Bedingungen werden die Stammzellenforscher als Rollenträger betrachtet, die die Verbote im regulatorischen Biostrafrecht und die Regeln
im prozeduralen Biorecht einhalten müssen. Man kann das personale Zurech-
nungsmuster des Rechts als Kommunikationsmittel in der Gesellschaft als
Kommunikationsgesellschaft verstehen.

Aber man muss vorher klarstellen, dass diese personale Zurechnung nur unter
den Bedingungen der angemessenen Kopplungsstruktur gerechtfertigt werden
kann, nach denen die Kommunikation zwischen dem Biowissenschaftssystem,
der Biopolitik und dem Biorechtsystem mit dem prozeduralen Biorecht gewährleistet werden kann. Unter dem regulatorischen Biostrafrecht, das keine Fähigkeit der Kommunikation hat, rechtfertigt sich die personale Zurechnung nicht.
*Ohne die angemessene strukturelle Kopplung zur Kommunikation können die
Bioforscher als Rollenträger nicht funktionieren. Die regulative Kraft des regulatorischen Biostrafrechts kommt nicht nur direkt aus sich selbst, sondern auch
aus der Kommunikationsmöglichkeit mit dem prozeduralen Biorecht.*

*Das regulatorische Biostrafrecht wie das Embryonenschutzgesetz hat keine
Kommunikationsfähigkeit mit dem Wissenschaftssystem durch die kurzschlüssige
Gleichsetzung von Leben und Menschenwürde, von Instrumentalisierung und
Menschenwürdeverletzung, von Gefahren, Ungewissheiten, Unsicherheiten und
Menschenwürdeverletzung. Das Menschenwürdeargument, das das Embryonenschutzgesetz stützt, ist zu stark, dass die Kommunikation zwischen der Biowissenschaft, der Biopolitik und dem Biorecht überhaupt nicht passieren kann. Die
regulatorische Biopolitik und das regulatorische Biostrafrecht zerstören die
Kommunikation. Unter der Prämisse, dass der Embryo in vitro keine Menschenwürde und kein Lebensrecht, sondern die Potentialität zum Individuum besitzt,
muss eine Kopplung zwischen dem Biowissenschaftssystem, dem Biopolitiksystem und dem Biorechtssystem vorgenommen werden, indem mindestens die
Stammzellenforschung mit überzähligen Embryonen unter der Kontrolle der E-*

thikkommission erlaubt wird. Mit dieser Kopplung können die drei Bereiche endlich kommunizieren. Das prozedurale Biorecht versteht sich als Kommunikationsmedien, das eine strukturelle Kopplung zwischen dem Biowissenschaftssystem, dem Biopolitiksystem und dem Biorechtssystem schafft. Dabei kann diese Kommunikation zur Entwicklung neuer Therapien dienen, mit denen bislang nicht behandelbare Krankheiten therapiert werden können.

Zusammenfassung

I.

In den ersten vier Kapiteln meiner Dissertation habe ich den Menschenwürdebegriff bei der Stammzellenforschung untersucht. Im fünften und sechsten Kapitel, die den Kern meiner Arbeit darstellen, frage ich nach der Möglichkeit eines
ohne Menschenwürdeverletzung begründbaren Biostrafrechts und nach der alternativen Möglichkeit und der Grenze eines prozeduralen Biorechts bei der
Stammzellenforschung.

II.

Wenn man wissen will, wie Biostrafrecht und prozedurales Biorecht begründet
werden können, muss man zuerst den Menschenwürdebegriff behandeln. Die
Analyse des Menschenwürdebegriffs ist die notwendige Voraussetzung der Analyse des Biostrafrechts und des prozeduralen Biorechts.

Im *ersten Kapitel* meiner Dissertation werden die beiden Schwangerschaftsabbruchurteile des Bundesverfassungsgerichts behandelt. Bevor man sich mit dem
Thema „Menschenwürde und Stammzellenforschung" beschäftigt, ist es meines
Erachtens sinnvoll und hilfreich, beide Schwangerschaftsabbruchurteile zu überprüfen. Mit der Studie der beiden Schwangerschaftsabbruchurteile kann man
wichtige Fragen stellen, die für die Stammzellenforschungsregelung relevant
sind: Und zwar kann man in beiden Schwangerschaftsabbruchurteilen das Spannungsverhältnis zwischen der moralischen, juristischen und faktischen Geltung
der Abtreibungsregelung (mit anderen Worten: das Spannungsverhältnis zwischen der Legitimität und der Effektivität der Abtreibungsregelung) sehen. Besonders beim zweiten Schwangerschaftsurteil kann man den Widerspruch zwischen der Menschenwürde und dem Schwangerschaftsabbruch finden. Dies ist
der Grund, warum die beiden Schwangerschaftsabbruchsurteile im ersten Kapitel
behandelt werden.

124

III.

Der Begriff „Menschenwürde" bei der Stammzellenforschung bedeutet nicht nur die Menschenwürde des Embryos *in vitro*, sondern umfasst auch den Schutz des Menschenbildes. Außerdem muss die Diskussion um die Themen „Gefahr, Risiko und Unsicherheit der Stammzellenforschung" erweitert werden. Dabei wird das Biostrafrecht als Menschenwürdeschutzgesetz betrachtet. In dieser Hinsicht wird das Embryonenschutzgesetz in Deutschland 1990 als Menschenwürdeschutzgesetz angesehen.

Meines Erachtens hat der Menschenwürde*begriff* (nicht die Menschenwürde!) trotz (oder vielleicht wegen!) ihrer semantischen Vieldeutigkeit bei der Stammzellenforschungsregelung den Totalitätscharakter. Diesen Totalitätscharakter stärkt das Menschenwürdeargument als deontologisches Argument.

Nach meiner Beobachtung macht aber der Menschenwürdebegriff bei der Stammzellenforschung die genaue Analyse der embryonalen Stammzellenforschung und des Biostrafrechts schwierig. Auch wenn es gelingt, den Begriff „Menschenwürde" genau zu analysieren, führt der analysierte Menschenwürdebegriff nicht zum Konsens. Die moralische Bewertung der Menschenwürde bildet in der heutigen pluralistischen Rechtsordnung manchmal die klaren Unterschiede der Gruppenmeinungen, die nicht zur fertigen Lösung der konkreten Probleme führen. Dass der Begriff „Menschenwürde" bei der konkreten Biostrafrechtsbegründung keine Konsensfähigkeit besitzt, bedeutet aber nicht, dass es nicht sinnvoll ist, die Begründung der konkreten Verbotsnormen zu suchen. Aus der Wahrnehmung der Konsensunfähigkeit der Menschenwürde ergibt sich vielmehr die Frage, wie die Verbotsnormen bei der Stammzellenforschung begründet werden können.

IV.

Der konkrete Gegenstand meiner Untersuchung im dritten Kapitel ist „das Argument mit der Menschenwürde als höchstem Wert". Das Argument der Menschenwürde als höchster Wert ist ein Argument unter vielen Menschenwürdeargumenten, aber es spielt eine große Rolle bei der Diskussion über die Stammzellenforschung. Nach diesem Argument wird der Lebenswert des Embryos *in vitro* und ein bestimmtes Menschenbild als schon vorhandene Menschenwürde be-

trachtet. Die Philosophie der Substanzontologie ist schon vorbei. Aber sie ist in der Bioethik sehr beliebt, weil sie mit dem Menschen verbunden ist. Drei wichtige Fragen sind zu stellen:
- Wie existiert Menschenwürde?
- Wie erkennt man Menschenwürde?
- Wie begründet und behauptet man Menschenwürdeverletzung?

Unter den Prämissen, dass die Menschenwürde schon da ist, und sie direkt erkannt werden kann, wird die Menschenwürdeverletzung durch das Erkennen der schon vorhandenen Menschenwürde bestimmt. Nach dem Schema „Sein/Nichtsein" bestimmt die gegebene Menschenwürde Menschenwürdeverletzung/Nicht-Menschenwürde-verletzung.

Nach Ulfrid Neumann wird der Legitimationsdruck von einem ontologischen Modell der Menschenwürde aufgefangen, indem die Frage nach dem moralisch Richtigen durch die nach der Struktur eines Vorgegebenen ersetzt wird. Die Erkenntnis des Vorgegebenen bedarf keiner Argumentation.

V.

Im vierten Kapitel verstehe ich die Menschenwürde nicht als Substanzbegriff, sondern als Relationsbegriff, und noch weiter gehend die Menschenwürde nicht als das Vorhandene, sondern als das Konstituierte.

Man kann die Menschenwürde konstituieren, indem man die Verletzung der Menschenwürde wechselseitig anerkennt. In meiner Dissertation schlage ich wichtige Menschenrechte, die mit grundsätzlichen Interessen verbunden sind, als Kriterium der konstituierten Menschenwürde vor: Menschenwürde besteht meines Erachtens aus wichtigen Menschenrechten, die durch Kampf um Anerkennung erworben werden.

Auf der Grundlage von diesem Verständnis der Menschenwürde denke ich, dass die Menschenwürde kein geeignetes Mittel für die Biostrafrechtsregulierung ist. Aber momentan funktioniert beim Biostrafrecht die Menschenwürde als „Megabegriff", der nicht nur die Gattungswürde und die Menschheitswürde, sondern auch die Begriffe „Risikominimierung und Sicherheitsvermittlung" umfasst. Paradoxerweise kann man mit dem Biostrafrecht als Menschenwürdeschutzstrafrecht nicht festhalten, welche Risiken und Unsicherheiten die Menschenwürdeverletzungen konstituieren. Außerdem macht die Behauptung der Menschenwürdeverletzung ohne die Begründung der Menschenrechtsverletzung die Analyse des Gestaltungsspielraums der staatlichen Schutzpflicht schwierig.

Wenn man das Biostrafrecht nur aus der Dimension der Menschenwürde beobachtet, verpasst man notwendige Diskussionen für die konkreten Biostrafrechtsbegründungen und analysiert die verschiedenen, konkreten Charakteristika des Biostrafrechts nicht genau.

VI.

Im fünften Kapitel meiner Dissertation habe ich den unterschiedlichen Charakter des Biostrafrechts in Bezug auf Menschenbildschutz, Orientierungssicherheit, Kultur und Risikostrafrecht diskutiert.

In Bezug auf den Menschenbildschutz kann das Biostrafrecht bei der möglichen Erzeugung aus Mensch und Tier und dem reproduktiven Klonen begründet werden. Ich glaube, dass die Embryonenforschung nichts mit der liberalen Eugenik zu tun hat. Die Behauptung von Habermas, mit dem slippery-slope Argument beide zu verbinden, scheint mir problematisch zu sein.

In Bezug auf Orientierungssicherheit kann das Biostrafrecht mit der Orientierungssicherheitsvermittlung begründet werden. In Bezug auf Orientierungssicherheit übernimmt das Biostrafrecht die Funktion der Moral.

In Bezug auf Kultur kann das Biostrafrecht beim therapeutischen Klonen begründet werden. In Deutschland, das die schlechte Erfahrung mit der Eugenik geprägt hat, ist es sinnvoller, wenn man die Problematik des therapeutischen Klonens nicht auf der universalen Ebene, sondern auf der kulturellen Ebene diskutiert.

Die Begründung des Biostrafrechts ist zu kompliziert, um das Biostrafrecht mit *einer* Theorie zu begründen. Die Begründung des Biostrafrechts als Menschenwürdegesetz muss mit der Begründung des Biostrafrechts in Bezug auf Menschenbildschutz, Orientierungssicherheit, Kultur und Risikostrafrecht ersetzt werden. Dabei hat das Biostrafrecht sowohl den Charakter des universalen Strafrechts als auch des kulturellen Strafrechts.

Hier werde ich das Biostrafrecht in Bezug auf Risikostrafrecht erwähnen. Meines Erachtens verschiebt das Aspekt „Risikostrafrecht" die Ebene des Biostrafrechts von der Begründung *auf die Entscheidung (Bestimmung)*. Während das slippery-slope Argument immer noch in der Dimension der Begründung als Risikoargument fungiert, *bestimmt* das Risikostrafrecht in der Dimension der Normen das Risiko der Stammzellenforschung. Das Biostrafrecht, das nicht mehr die Spiegel der ontologischen Menschenwürde ist, übernimmt auf der normativen Ebene die Funktion, die die ontologische Menschenwürde hatte. Mit dieser Risikostrafrechtsrichtung erfüllt das Biostrafrecht die Aufgabe, *die Zukunft in der Gegenwart* zu stabilisieren.

Die kritische Betrachtung zum Aspekt „Risikostrafrecht", die Cornelius Prittwitz in seiner Habilitationsschrift „Strafrecht und Risiko" getan hat, brauchen wir auch bei der Biostrafrechtsbegründung.

Erstens kann der Aspekt »Norm des Selbstverständnisses der Gattung« erweitert werden, indem sich das Biostrafrecht nicht direkt auf die Verletzung der Gattungsidentität, sondern *auf der normativen Ebene indirekt* auf *das Risiko* der Verletzung der Gattungsidentität bezieht.

Zweitens kann der Aspekt »Norm der Orientierungssicherheit« erweitert werden, indem sich das Biostrafrecht auf der normativen Ebene auf die Sicherheitsvermittlung bezieht. Hier muss man *eine Frage des Risikostrafrechts* stellen, ob die Sicherheitsvermittlung des Biostrafrechts als symbolische Versicherung fungiert. Hier muss man fragen, ob man die Verwechselung von *Funktion und Leistung* des Biostrafrechts sehen kann.

VII.

Im sechsten Kapitel gehe ich auf die Möglichkeit des prozeduralen Biorechts bei der Stammzellenforschung ein. Die Möglichkeit des prozeduralen Biorechts bei der Stammzellenforschung ergeben sich auf der einen Seite aus dem Nichtvorliegen materieller Kriterien, der Nichtwirkung des regulatorischen Biostrafrechts, und auf der anderen Seite aus der Kommunikationsfähigkeit des prozeduralen Biorechts, aber auch den Grenzen des prozeduralen Biorechts.

Unter der Prämisse, dass der Embryo *in vitro* keine Menschenwürde und kein Lebensrecht, sondern die Potentialität zum Individuum besitzt, muss eine Kopplung zwischen dem Wissenschaftssystem, der Biopolitik und dem Biorechtssystem vorgenommen werden, indem zumindest die Stammzellenforschung mit überzähligen Embryonen unter der Kontrolle der Ethikkommission erlaubt wird.

Mit dieser Kopplung können die drei Bereiche endlich kommunizieren. Das prozedurale Biorecht versteht sich als ein Kommunikationsmedium, das eine strukturelle Kopplung zwischen dem Wissenschaftssystem, der Biopolitik und dem Biorechtssystem schafft. Aber die Wirkung des Zauberkonzepts „Prozeduralisierung des Rechts" fängt erst bei der Wahrnehmung ihrer Grenzen an.

Außerdem können die Bioforscher ohne die angemessene strukturelle Kopplung zur Kommunikation als Rollenträger nicht funktionieren. Die regulative Kraft des Bio*straf*rechts kommt nicht direkt aus sich selbst, sondern aus der Kommunikationsmöglichkeit mit dem prozeduralen Biorecht.

Literaturverzeichnis

Alexy, Robert : Theorie der Grundrechte, Frankfurt/Main 1986 (zuerst erschienen 1985), S. 71 ff.

Birnbacher, Dieter : Gefährdet die moderne Reproduktionsmedizin die menschliche Würde?, in: Leist (Hrsg.), Um Leben und Tod, 1990, S. 266 ff.

------ : Aussichten eines Klons, in: Ach/Brudermüller/Runtenberg (Hrsg.), Hello Dolly?, Frankfurt/Main 1998, S. 46 ff.

------ : Embryonenforschung – erlauben oder verbieten?, in: Neumann/Schulz (Hrsg.), Verantwortung in Recht und Moral, ARSP Beiheft 74, 1998, S. 159 ff.

------ : Menschenwürde – abwägbar oder unabwägbar?, in: Kettner (Hrsg.), Biostrafrecht und Menschenwürde, Frankfurt/Main 2004, S. 249 ff.

Böckenförde, Ernst-Wolfgang : Zur Kritik der Wertbegründung des Rechts, in: ders., Recht, Freiheit, Staat, Frankfurt/Main 1991, S. 67 ff.

------ : Menschenwürde als normativer Prinzip, JZ 2003, S. 809 ff.

Braun, Kathrin : Die besten Gründe für eine kategorische Auffassung der Menschenwürde, in: Kettner (Hrsg.), Biomedizin und Menschenwürde, Frankfurt/Main 2004, S. 81 ff.

Calliess, Gralf-Peter : Prozedurales Recht, Baden-Baden 1999.

Dreier, Horst : Menschenwürdegarantie und Schwangerschaftsabbruch, DÖV 1995, S. 1036 ff.

------ : Stufungen des vorgeburtlichen Lebensschutzes, ZRP 2002, S. 377 ff.

Dürig, Günter : Der Grundrechtssatz von der Menschenwürde, AöR 81 (1956), S. 9 ff.

Eder, Klaus : Prozedurales Recht und Proceduralisierung des Rechts, in: Grimm (Hrsg.), Wachsende Staatsaufgaben – sinkende Steuerungsfähigkeit des Rechts, Baden-Baden 1990, S. 155 ff.

Eser, Albin : Sanktionierung und Rechtfertigung durch Verfahren, Eine Problemskizze, in: FS für Hassemer zum 60. Geburtstag, KritV Sonderheft 2000, S. 43 ff.

Günther, Hans-Ludwig : Strafrechtliche Verbote der Embryonenforschung?, MedR 1990, S. 161 ff.

Günther, Klaus : Was kann «Universalität der Menschenrechte» heute noch bedeuten?, in: Schulz/Sonne(Hrsg.), Kontinuität und Wandel, Zürich 1999, S. 167 ff.

Habermas, Jürgen : Die Zukunft der menschlichen Natur, Frankfurt/Main 2001.

------ : Replik auf Einwände, in: DZPhil (2002) 2, S. 283 ff.

Hassemer, Winfried : Prozedurale Rechtfertigungen, in: FS für Mahrenholz, 1994, S. 731 ff.

Herdegen, Matthias : Die Menschenwürde im Fluß des bioethischen Diskurses, JZ 2001, S. 773 ff.

Herzog, Felix : Gentechnologie – Forschungskontrolle durch Strafrecht?, ZStW 105 (1993), S. 727 ff.

Hilgendorf, Eric : Die mißbrauchte Menschenwürde, in: Jahrbuch für Recht und Ethik, Band 7 (1999), S. 137 ff.

Hoerster, Norbert : Ethik des Embryonenschutzes, Stuttgart 2002.

------ : Ethik und Interesse, Stuttgart 2003.

------ : Forum: Kompromisslösungen zum Menschenrecht des Embryos auf Leben?, JuS 2003, S. 529 ff.

Höffe, Otfried : Medizin ohne Ethik?, Frankfurt/Main 2002, S. 70 ff.

Hofmann, Hasso : Die Pflicht des Staates zum Schutz des menschlichen Lebens, in: FS für Krause, 1990, S. 115 ff.

------ : Die versprochene Menschenwürde, AöR 118 (1993), S. 353 ff.

Honneth, Axel : Kampf um Anerkennung, Frankfurt/Main 1994.

Ipsen, Jörn : Der „verfassungsrechtliche Status" des Embryos in vitro, JZ 2001, S. 989 ff.

Isensee, Josef : Der grundrechtliche Status des Embryos, in: Höffe/Honnefelder/Isensee/Kirchhof (Hrsg.), Gentechnik und Menschenwürde, Köln 2002, S. 37 ff.

Jakobs, Günther : Das Strafrecht zwischen Funktionalismus und „alteuropäischem" Prinzipiendenken, ZStW 107 (1995), S. 843 ff.

Kaufmann, Franz-Xaver : Sicherheit als soziologisches und sozialpolitisches Problem, Stuttgart 1973.

Kettner, Matthias : Über die Grenzen der Menschenwürde, in: *ders.* (Hrsg.), Biomedizin und Menschenwürde, Frankfurt/Main 2004, S. 292 ff.

Kindhäuser, Urs : Gefährdung als Straftat, Frankfurt/Main 1989.

Kloepfer, Michael : Humangentechnik als Verfassungsfrage, JZ 2002, S. 417 ff.

Leist, Anton : Eine Frage des Lebens, Frankfurt/New York 1990, S. 32 ff.

Luhmann, Niklas : Das Recht der Gesellschaft, Frankfurt/Main 1993.

Maihofer, Werner : Rechtsstaat und menschliche Würde, Frankfurt/Main 1968.

Merkel, Reinhard : Forschungsobjekt Embryo, München 2002.

Müssig, Bernd J.A. : Schutz abstrakter Rechtsgüter und abstrakter Rechtsgüterschutz, Frankfurt am Main/Berlin/Bern/New York/Paris/Wien 1994.

Neumann, Ulfrid : Juristische Argumentationslehre, Darmstadt 1986.

------ : Die „Würde des Menschen" in der Diskussion um Gentechnologie und Befruchtungstechnologien, in: Klug/Kriele (Hrsg.), Menschen- und Bürgerrechte, ARSP Beiheft 33, 1988, S. 139 ff.

------ : Strafrechtlicher Schutz der Menschenwürde zu Beginn und am Ende des Lebens, in: Prittwitz/Manoledakis (Hrsg.), Strafrecht und Menschenwürde, Baden-Baden 1998, S. 51 ff.

------ : Die Tyrannei der Würde. Argumentationstheoretische Erwägungen zum Menschenwürdeprinzip, ARSP 1998, S. 153 ff.

Prittwitz, Cornelius : Aids-Bekämpfung – Aufgabe oder Selbstaufgabe des Strafrechts?, KJ 1988, S. 304 ff.

------ : Strafrecht und Risiko, Untersuchungen zur Krise von Strafrecht und Kriminalpolitik in der Risikogesellschaft, Frankfurt/Main 1993.

------ : Schutz der Menschenwürde – durch das Strafrecht oder vor dem Strafrecht?, in: Prittwitz/Manoledakis (Hrsg.), Strafrecht und Menschenwürde, Baden-Baden 1998, S. 19 ff.

Saliger, Frank : Legitimation durch Verfahren im Medizinrecht, in: Bernat/Kröll (Hrsg.), Recht und Ethik der Arzneimittelforschung, Wien 2003, S. 123 ff.

Sass, Hans-Martin : Extrakorporale Fertilisation und Embryotransfer, in: Flöhl (Hrsg.), Genforschung – Fluch oder Segen?, München 1985, S. 30 ff.

Schroth, Ulrich : Forschung mit embryonalen Stammzellen und Präimplantationsdiagnostik im Lichte des Rechts, JZ 4/2002, S. 170 ff.

Siep, Ludwig : Moral und Gattungsethik, in: DZPhil (2002) 1, S. 111 ff.

Singer, Peter : Praktische Ethik (übersetzt von Bischoff, Wolf und Klose), Stuttgart 1994, S. 33 ff.

Spaemann, Robert : Gezeugt, nicht gemacht, in: Geyer (Hrsg.), Biopolitik, Frankfurt/Main 2001, S. 41 ff.

------ : Wer jemand ist, ist es immer, in: Geyer (Hrsg.), Biopolitik, Frankfurt/Main 2001, S. 73 ff.

Starck, Christian : Verfassungsrechtliche Grenzen der Biowissenschaft und Fortpflanzungsmedizin, JZ 2002, S. 1065 ff.

Taupitz, Jochen : Der rechtliche Rahmen des Klonens zu therapeutischen Zwecken, NJW 2001, S. 3433 ff.

Teubner, Gunther : Recht als autopoietisches System, Frankfurt/Main 1989.

Tröndle, Herbert : vor § 218, in: Tröndle/Fischer, Kommentar zum Strafgesetzbuch, 49. Aufl., 1999.

Vitzthum, Wolfgang Graf : Die Menschenwürde als Verfassungsbegriff, JZ 1985, S. 201 ff.

FRANKFURTER KRIMINALWISSENSCHAFTLICHE STUDIEN

Band   1   Peter Böning: Die Lehre vom Unrechtsbewußtsein in der Rechtsphilosophie Hegels 100 S., 1978.

Band   2   Wolfgang Schneider: Kriminelle Straßenverkehrsgefährdung (§ 315c Abs. 1 Ziff. 2, Abs. 3 StGB). Eine kriminologische und strafrechtliche Untersuchung zur Problematik dieser Verkehrsstraftaten unter Berücksichtigung ausländischer Rechte. 342 S., 1978.

Band   3   Lothar Kuhlen: Die Objektivität von Rechtsnormen. Zur Kritik des radikalen labeling approach in der Kriminalsoziologie. 178 S., 1978.

Band   4   Günther Grewe: Straßenverkehrsdelinquenz und Marginalität. Untersuchungen zur institutionellen Regelung von Verhalten. 148 S., 1978.

Band   5   Dieter Haberstroh: Strafverfahren und Resozialisierung. Eine Studie über Verstehen und Nicht-Verstehen, über Verstanden-Werden und Nicht-Verstanden-Werden und deren Bedingungen in der Hauptverhandlung. 202 S., 1979.

Band   6   Thomas Vogt: Die Forderungen der psychoanalytischen Schulrichtungen für die Interpretation der Merkmale der Schuldunfähigkeit und der verminderten Schuldfähigkeit (§§ 51 a.F., 20, 21 StGB). 182 S., 1979.

Band   7   Andreas Michael: Der Grundsatz in dubio pro reo im Strafverfahrensrecht. Zugleich ein Beitrag über das Verhältnis von materiellem Recht und Prozeßrecht. 214 S., 1981.

Band   8   Ilias G. Anagnostopoulos: Haftgründe der Tatschwere und der Wiederholungsgefahr (§§ 112 Abs. 3, 112 a StPO). Kriminalpolitische und rechtssystematische Aspekte der Ausweitung des Haftrechts. 1984.

Band   9   Helga Müller: Der Begriff der Generalprävention im 19. Jahrhundert. Von P.J.A. Feuerbach bis Franz v. Liszt. 1984.

Band 10   Frowin Jörg Kurth: Das Mitverschulden des Opfers beim Betrug. 1984.

Band 11   Martin J. Worms: Die Bekenntnisbeschimpfung im Sinne des § 166 Abs. 1 StGB und die Lehre vom Rechtsgut. 1984.

Band 12   Jong-Dae Bae: Der Grundsatz der Verhältnismäßigkeit im Maßregelrecht des StGB. 1985.

Band 13   Helmut Fünfsinn: Der Aufbau des fahrlässigen Verletzungsdelikts durch Unterlassen im Strafrecht. 1985.

Band 14   Christoph Krehl: Die Ermittlung der Tatsachengrundlage zur Bemessung der Tagessatzhöhe bei der Geldstrafe. 1985.

Band 15   Walter-Hermann Kiehl: Strafrechtliche Toleranz wechselseitiger Ehrverletzungen - Zur ratio legis der §§ 199, 233 Strafgesetzbuch -. 1986.

Band 16   Matthias Krahl: Die Rechtsprechung des Bundesverfassungsgerichts und des Bundesgerichtshof zum Bestimmtheitsgrundsatz im Strafrecht (Art. 103 Abs. 2 GG). 1986.

Band 17   Patrick Carroll Campbell: § 220a StGB. Der richtige Weg zur Verhütung und Bestrafung von Genozid? 1986.

Band 18   Winfried Hassemer (Hrsg.): Strafrechtspolitik. Bedingungen der Strafrechtsreform. 1987.

Band 19   Felix Herzog: Prävention des Unrechts oder Manifestation des Rechts. Bausteine zur Überwindung des heteronom-präventiven Denkens in der Strafrechtstheorie der Moderne. 1987.

Band 20   Astrid Michalke-Detmering: Die Mindestanforderungen an die rechtliche Begründung des erstinstanzlichen Strafurteils. Zur Auslegung des § 267 StPO. 1987.

Band 21   Lothar Kuhlen: Die Unterscheidung von vorsatzausschließendem und nichtvorsatzausschließendem Irrtum. 1987.

Band 22   Michael Buttel: Kritik der Figur des Aufklärungsgehilfen im Betäubungsmittelstrafrecht (§ 31 BtMG). 1988.

Band 91 Leonie Frenz: Faktizität des Rechts in der forensischen Psychiatrie. Eine Untersuchung im LKH Moringen. 2005.

Band 92 Eva-Maria Unger: Schutzlos ausgeliefert? Der Europäische Haftbefehl. Ein Beispiel für die Missachtung europäischer Bürgerrechte. 2005.

Band 93 Marcus Bastelberger: Die Legitimität des Strafrechts und der *moralische Staat*. Utilitaristische und retributivistische Strafrechtsbegründung und die rechtliche Verfassung der Freiheit. 2006.

Band 94 Marc Reiß: Rechtliche Aspekte der Präimplantationsdiagnostik. Unter besonderer Berücksichtigung der Rechte der von einem Verbot betroffenen Paare. 2006.

Band 95 Alexander Kolz: Einwilligung und Richtervorbehalt. 2006.

Band 96 Vasco Reuss: Eine Kritik der juristischen Vernunft. Rezeptionsversuche der Negativen Dialektik Adornos für die Dogmatik des Strafrechts. 2007.

Band 97 Lutz Eidam: Die strafprozessuale Selbstbelastungsfreiheit am Beginn des 21. Jahrhunderts. 2007.

Band 98 Christiane Rüdiger: Schutzinteresse und Deliktsstruktur der „Bestechungsdelikte" (§§ 331 ff. StGB). 2007.

Band 99 Urte Eisenhardt: Das nemo tenetur-Prinzip: Grenze körperlicher Untersuchungen beim Beschuldigten. Am Beispiel des § 81a StPO. 2007.

Band 100 Institut für Kriminalwissenschaften und Rechtsphilosophie Frankfurt a. M. (Hrsg.): Jenseits des rechtsstaatlichen Strafrechts. 2007.

Band 101 Nils Möckelmann: Die rechtliche, psychiatrische und gesellschaftliche Beurteilung jugendlicher Straftäter in der jüngeren deutschen Geschichte. Eine Analyse anhand zweier Strafverfahren mit Gutachten des Psychiaters Ernst Rüdin aus den Jahren 1915/1917 unter Berücksichtigung der Entwicklungen bis zur Gegenwart. 2007.

Band 102 Alexa Albrecht: Zur Erosion der Menschenrechte im demokratischen Rechtsstaat. Reaktionen der Systeme und der Zivilgesellschaft. 2007.

Band 103 Dirk Lange: Die politisch motivierte Tötung. 2007.

Band 104 Ulfrid Neumann / Cornelius Prittwitz (Hrsg.): „Personale Rechtsgutslehre" und „Opferorientierung im Strafrecht". 2007.

Band 105 Lisa Kathrin Sander: Grenzen instrumenteller Vernunft im Strafrecht. Eine Kritik der Präventionsdoktrin aus strafrechtsgeschichtlicher und empirischer Perspektive. 2007.

Band 106 Stephan Werner: Zur Notwendigkeit der Verteidigeranwesenheit während der polizeilichen Beschuldigtenvernehmung. 2008.

Band 107 Inti Schubert: Europol und der virtuelle Verdacht. Die Suspendierung des Rechts auf informationelle Selbstbestimmung. 2008.

Band 108 Bong-Jin Ko: Menschenwürde und Biostrafrecht bei der embryonalen Stammzellenforschung. 2008.

Band 109 Wanja Andreas Welke: Die Repersonalisierung des Rechtskonflikts. Zum gegenwärtigen Verhältnis von Straf- und Zivilrecht. 2008.

Band 110 Jan Helmrich: Die Berufung gewerblicher Sicherheitskräfte auf Notwehr und Nothilfe. Zugleich ein Beitrag zu den Grundlagen des Notwehr- und Nothilferechts. 2008.

www.peterlang.de

Peter Lang · Internationaler Verlag der Wissenschaften

Carsten Wendtland

Die Forschung mit menschlichen embryonalen Stammzellen als Gegenstand der Rechtsetzung

Frankfurt am Main, Berlin, Bern, Bruxelles, New York, Oxford, Wien, 2005.
197 S.
Frankfurter Schriften zur Gesundheitspolitik und zum Gesundheitsrecht.
Herausgegeben von Ingwer Ebsen und Roland Eisen. Bd. 2
ISBN 978-3-631-54154-8 · br. € 39.–*

Die Forschung mit menschlichen embryonalen Stammzellen wirft rechtspolitische Fragen im Spannungsfeld zwischen Forschungsfreiheit und Embryonenschutz auf. Ziel dieser Untersuchung ist es, den Rahmen für die Problembewältigung durch das Recht abzugrenzen. Dazu werden nach einer rechtsvergleichenden Betrachtung des Embryonenschutzrechts die widerstreitenden Verfassungsgüter im Wege der praktischen Konkordanz aufeinander bezogen. Schwerpunkt der verfassungsrechtlichen Diskussion ist die Herleitung des Embryonenschutzes als Rechtsgut mit Verfassungsrang, welches Einschränkungen der Forschungsfreiheit rechtfertigen kann. Es zeigt sich jedoch, dass sich aus dem Verfassungsrecht keine vorgezeichnete Lösung ableiten lässt, sondern dass es der Rechtsetzung einen breiten Spielraum zur Entwicklung pragmatischer Regelungsmodelle eröffnet.

Aus dem Inhalt: Rechtsvergleichende Darstellung des Embryonenschutzrechts auf nationaler und internationaler Ebene · Verfassungsrechtliche Grundlagen der widerstreitenden Rechtsgüter Forschungsfreiheit und Embryonen- schutz · Verfassungsrechtlicher Rahmen für die Bewältigung des Konflikts · Konsequenzen für die Rechtsetzung

Frankfurt am Main · Berlin · Bern · Bruxelles · New York · Oxford · Wien
Auslieferung: Verlag Peter Lang AG
Moosstr. 1, CH-2542 Pieterlen
Telefax 00 41 (0) 32/376 17 27

*inklusive der in Deutschland gültigen Mehrwertsteuer
Preisänderungen vorbehalten
Homepage http://www.peterlang.de